# Thailand

## 1000 Fakten

über das Land, in dem jeder Wochentag eine andere Farbe trägt

Gabriela Scolik
Karin Dreher

# Thailand

## 1000 Fakten

### über das Land, in dem jeder Wochentag eine andere Farbe trägt

BRUCKMANN

# INHALT


Willkommen in Thailand! ........ 9

Königreich Thailand ........ 12
Die Flagge Thailands ........ 14
Grenzen Thailands ........ 16
Die Provinzen Thailands ........ 18
Mae Nam Khong/Mekong ........ 20
Die Monarchie ........ 22
Die Könige der Chakri-Dynastie ........ 23
Thailands Dschunken
und königliche Barkassen ........ 24
Das Klima ........ 26
Künstlicher Regen/Fon Luang ........ 27
Tsunami ........ 28
Ma pen rai – sanuk, sabai und suay ........ 30

Begrüßung ... 32
Benehmen in Thailand ... 34
Business in Thailand ... 36
Maße und Gewichte ... 38
Thailändische Zahlen und Ziffern ... 40
Thailändische Währung ... 42
Der Kalender ... 44
Der Tag in Thailand ... 46
Die Farben der Wochentage ... 48
Feste und Feiertage ... 50
Phi-Ta-Khon-Festival ... 52
Blumenfestival in Chiang Mai ... 54
Vegetarisches Festival in Phuket ... 56
Loi Krathong (Yi Peng) ... 58
Songkran/Neujahr ... 60
Full Moon Parties ... 62
Die Vegetation ... 64
Die Landtiere Thailands ... 66
Elefanten ... 68
Mahuts ... 70
Weiße Elefanten Chang Phueak ... 72
Elefantenfest ... 73
Religion ... 74
Buddha-Darstellungen ... 76
Ein Buddha für jeden Tag der Woche ... 78
Die Handhaltung der Buddha-Statuen ... 80
Mönche/Bikkhus ... 82
Die acht Formen der Stupas ... 84
Verhalten im Tempel ... 86
Wat-Anlage ... 88
Wats in Thailand ... 90
Traditionelles Wohnen ... 98
Hausgeister und Geisterglaube in Thailand ... 100
Geisterhäuschen ... 102
Tanz/Fon Thai ... 104
Die verschiedenen Tanzarten ... 106
Erzählende Tänze/Khon ... 108
Theater ... 110
Lakhon/Tanzdramen ... 112
Phi phat – Das traditionelle Orchester ... 114
Musik in Thailand ... 116
Traditionelle Kleidung ... 118
Schuluniformen ... 120
Pfadfinder ... 122
Die Thailändische Küche ... 124

Weltbekannte Gerichte 126
Die richtige Reiszubereitung 128
Khong Wan/Nachtisch in Thailand 130
Kae Sa Luk/Obstschnitzereien 132
Kleiner Sprachführer 134
Tischsitten 136
Einladungen in Thailand 138
Alkoholische Getränke in Thailand 140
Talaad/Märkte 142
Garküchen 144
Edelsteine 146
Die Landwirtschaft 148
Reis 150
Nassreisanbau 152
Die Garnelenzucht 154
Fischereiindustrie 156
Thaiboxen/Muay Thai 158
Krabee-Krabong 160
Kaeng Wau/Flugdrachenwettkampf 162
Takraw und Kreis-Takraw 164
Kaeng Ruer/Bootsrennen 166
Makruk/Thai-Schach 167
Fischkämpfe 168
Skurrile Fakten 170
Siamesische Zwillinge 172
Ladyboys/Kathoey 174
Sextourismus in Thailand 176
Nuat Phaen Boran/Thai-Massage 178
Thailändische Heirat 180
Nationalparks in Thailand 182
Skulpturenpark Sala Kaeo Ku in Nong Khai 184
Straßenverkehr 186
Verkehrsmittel 188
Tuk Tuks 190
Fähren und die Fahrtdauer 192
Schienenverkehr in Thailand 194
Geheimtipps in Thailand 196
Die Brücke am Kwai 198
Filme, die in Thailand gedreht wurden 200
Kinos in Thailand 201
Thailändische Filmstars 202
Thailändische Schauspielerinnen 204
Die Inseln der internationalen Stars 206
Tauchen in Thailand 208

Register 211

# Willkommen in Thailand!

Wie gut kennen Sie das Königreich Thailand? Was wissen Sie über die Sitten und Gebräuche dieses Landes?

Wussten Sie, dass Thais ihren sozialen Status über gute Kleidung demonstrieren? Dass der Kopf der heiligste Körperteil ist und keinesfalls berührt werden soll? Dass Mönche von Frauen nichts annehmen dürfen?

Kennen Sie die Bedeutung der Handhaltungen der vielen Buddha-Statuen? Wussten Sie, dass der König der oberste Pfadfinder ist? Dass es als Majestätsbeleidigung gilt, auf einen Geldschein zu treten, da er den Kopf des Königs trägt?

Natürlich erfahren Sie auch alles über die Naturschönheiten, die Tauchwelt, den Verkehr, die Fähren und ihre Fahrtdauer, die zahlreichen Feste in Thailand und vieles andere mehr. Das Essen ist zu scharf? – Kein Problem, der kleine Sprachführer hilft Ihnen weiter!

Stöbern Sie in diesem Buch, und finden Sie heraus, was die Faszination Thailands ausmacht, was das Land so anders macht und warum es ein so beliebtes Urlaubsziel ist!

Viel Spaß beim Entdecken dieses Landes!

# KÖNIGREICH THAILAND

Thailand heißt Land der Freien.

Liegt in Südostasien.

**Fläche 513 000 km²**

Die Form erinnert an den Kopf eines Elefanten.

Grenzlänge über

**5000 km**

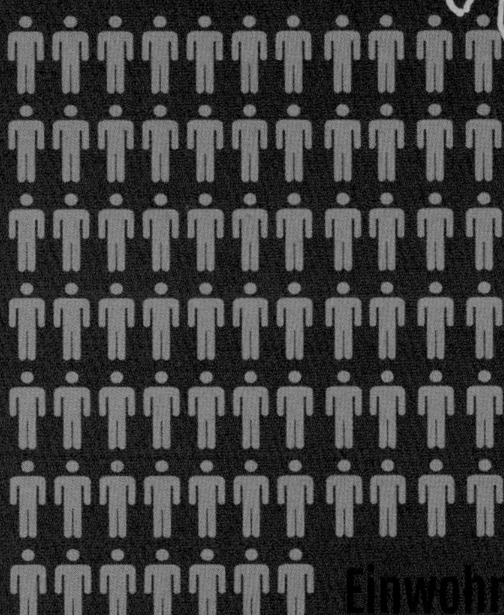

Einwohner: **ca. 68 Millionen**

Minderheiten: Chinesen, Malaien

# 6 Regionen

## 1 Nordthailand

Mehrere parallele Gebirgszüge, durch die Täler der **Flüsse Ping, Wang, Yom** und **Nan** getrennt.

## 3 Zentralthailand

Hauptsächlich flaches Schwemmland, **die Hauptstadt Bangkok liegt an der Mündung des Flusses Chao Phraya.**

## 2 Nordost-Thailand

Ein Plateau, **ca. 200 m** über der Meereshöhe, eine sehr trockene Region. In der Regenzeit kommt es allerdings **häufig zu Überschwemmungen**.

## 4 Westthailand

Hier befinden sich immergrüner Dschungel und Regenwald.

## 5 Ostthailand

Durch den Tourismus um Pattaya besonders wohlhabend. **Außerdem gibt es hier große Edelsteinfunde.**

## 6 Südthailand

Vor allem die schroffen Kalksteinberge prägen die Landschaft. **Die zahlreichen Inseln vor der Küste sind Tourismus-Hotspots.**

# DIE FLAGGE THAILANDS

**Rot steht für das Blut des Volkes.**

**Weiß steht für die Reinheit und den buddhistischen Glauben.**

**Der blaue Streifen**
wurde der Flagge 1917 zugefügt. Er steht für die Monarchie und auch als Zeichen für die Solidarität mit den damaligen Alliierten. Er ersetzte das historische Symbol eines Elefanten.

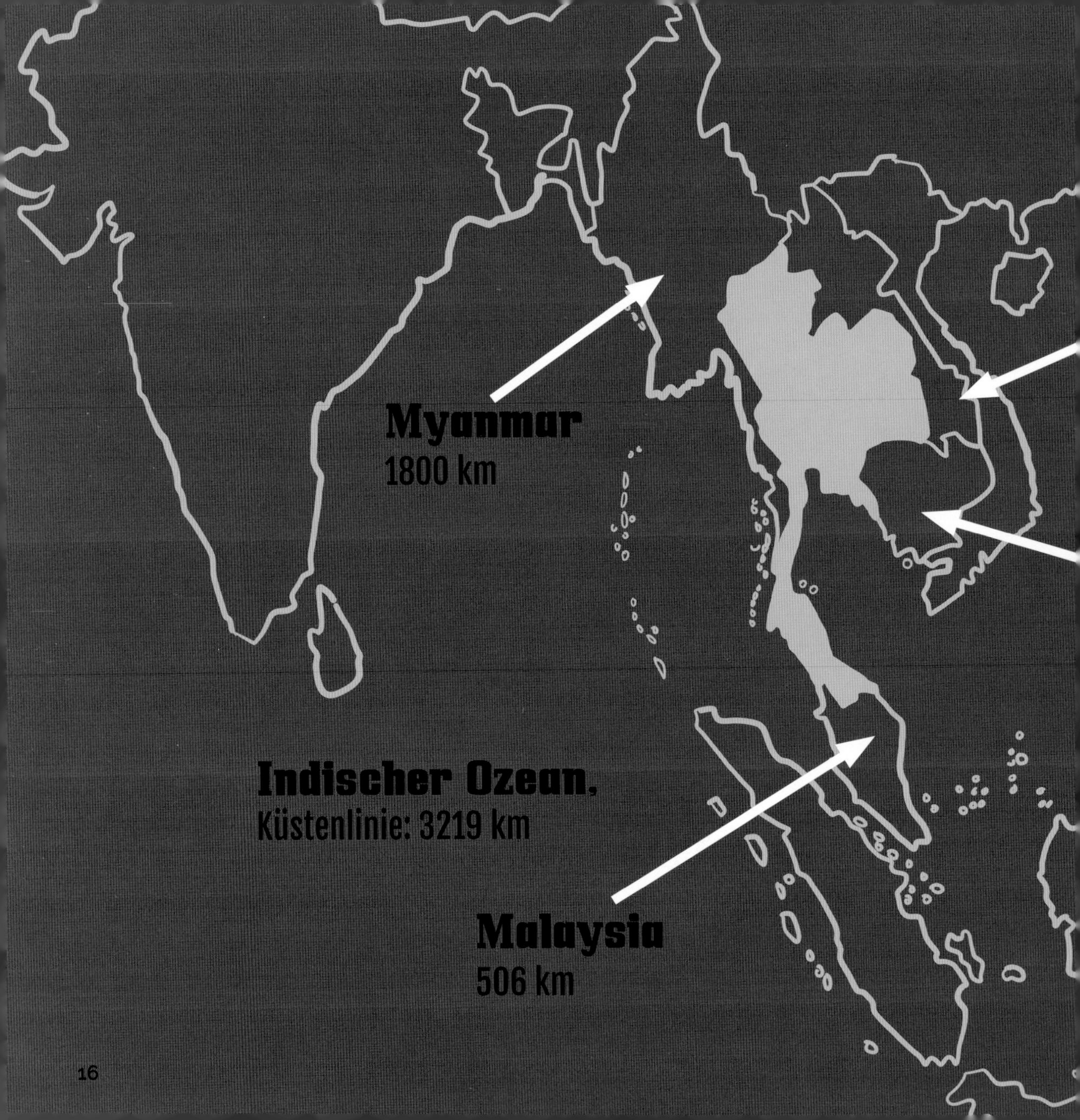
Myanmar
1800 km
Indischer Ozean,
Küstenlinie: 3219 km
Malaysia
506 km

# GRENZEN THAILANDS

**Laos** 1754 km

**Grenzen (insgesamt): 4863 km**

**Pazifischer Ozean**

**Kambodscha**
803 km

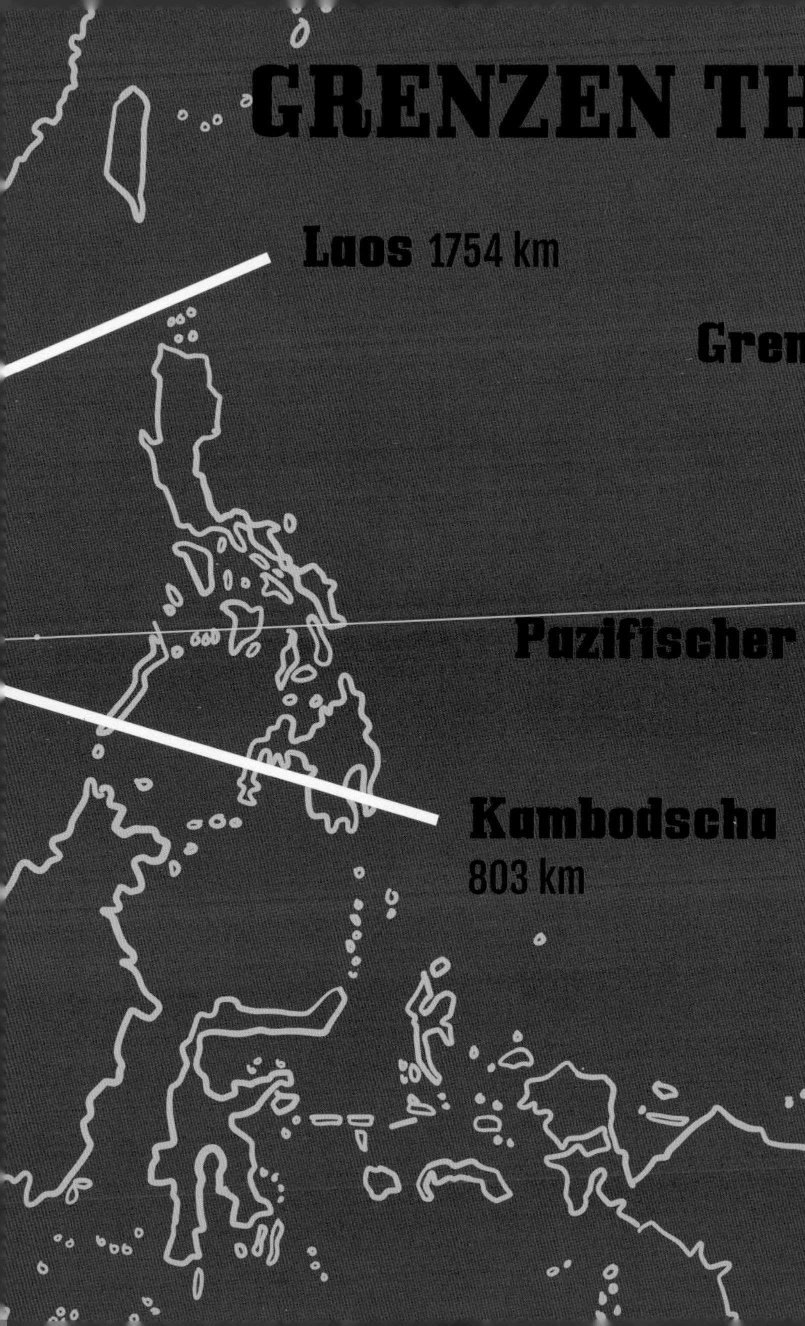

# DIE PROVINZEN THAILANDS

## Nordthailand

Bergiges Gebiet – der höchste **Berg Thailands ist der Doi Inthanon, mit 2565 m Höhe.** Hier wird Landwirtschaft betrieben, Reisfelder müssen bewässert werden.

## Westthailand

**Berggrenze zu Myanmar**

Hier liegt auch die Brücke am Kwai.

## Südthailand

**Der Rüssel des Elefanten**

Breite Sandstrände im Osten
Faszinierende Inselwelt vor Phuket.

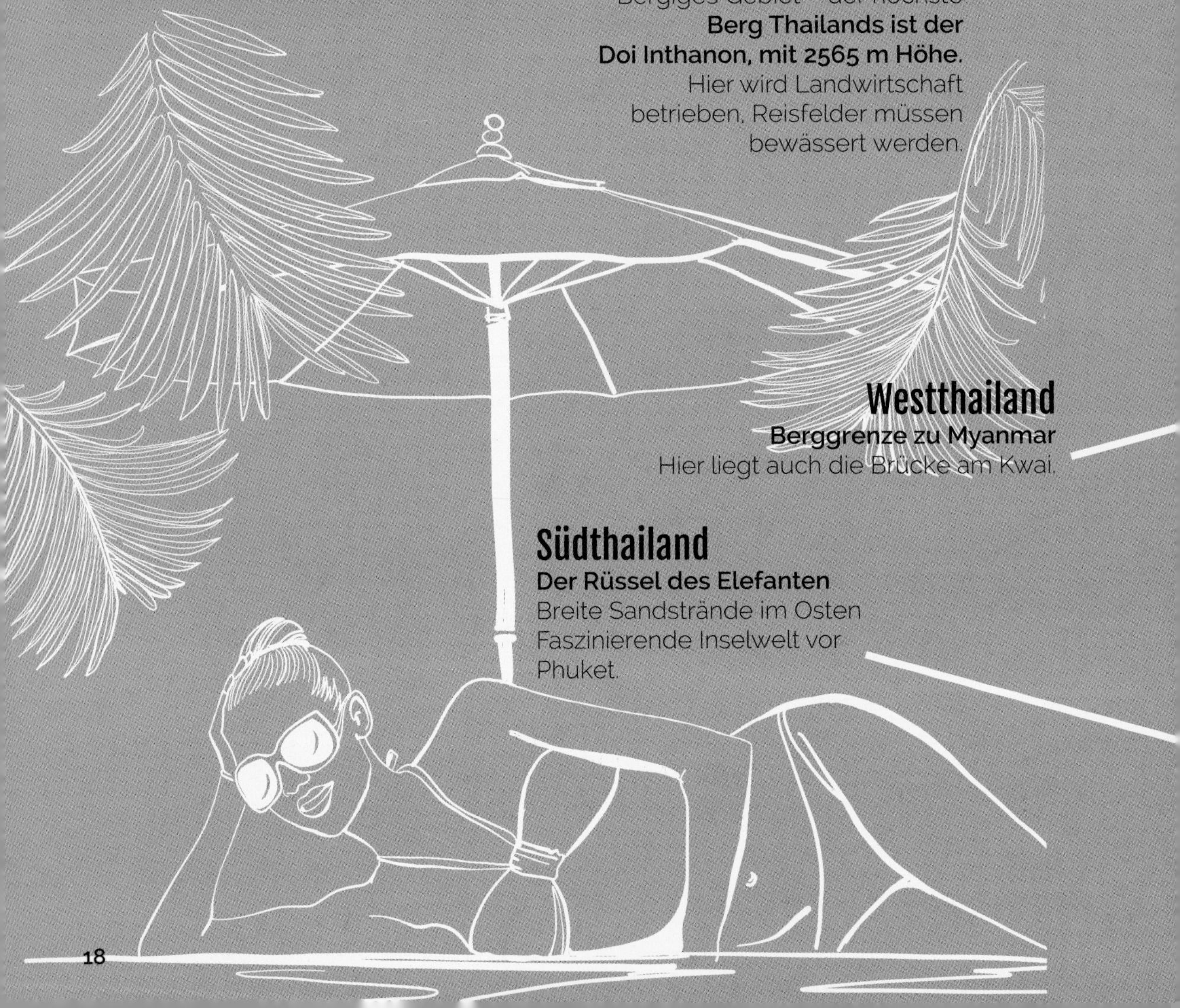

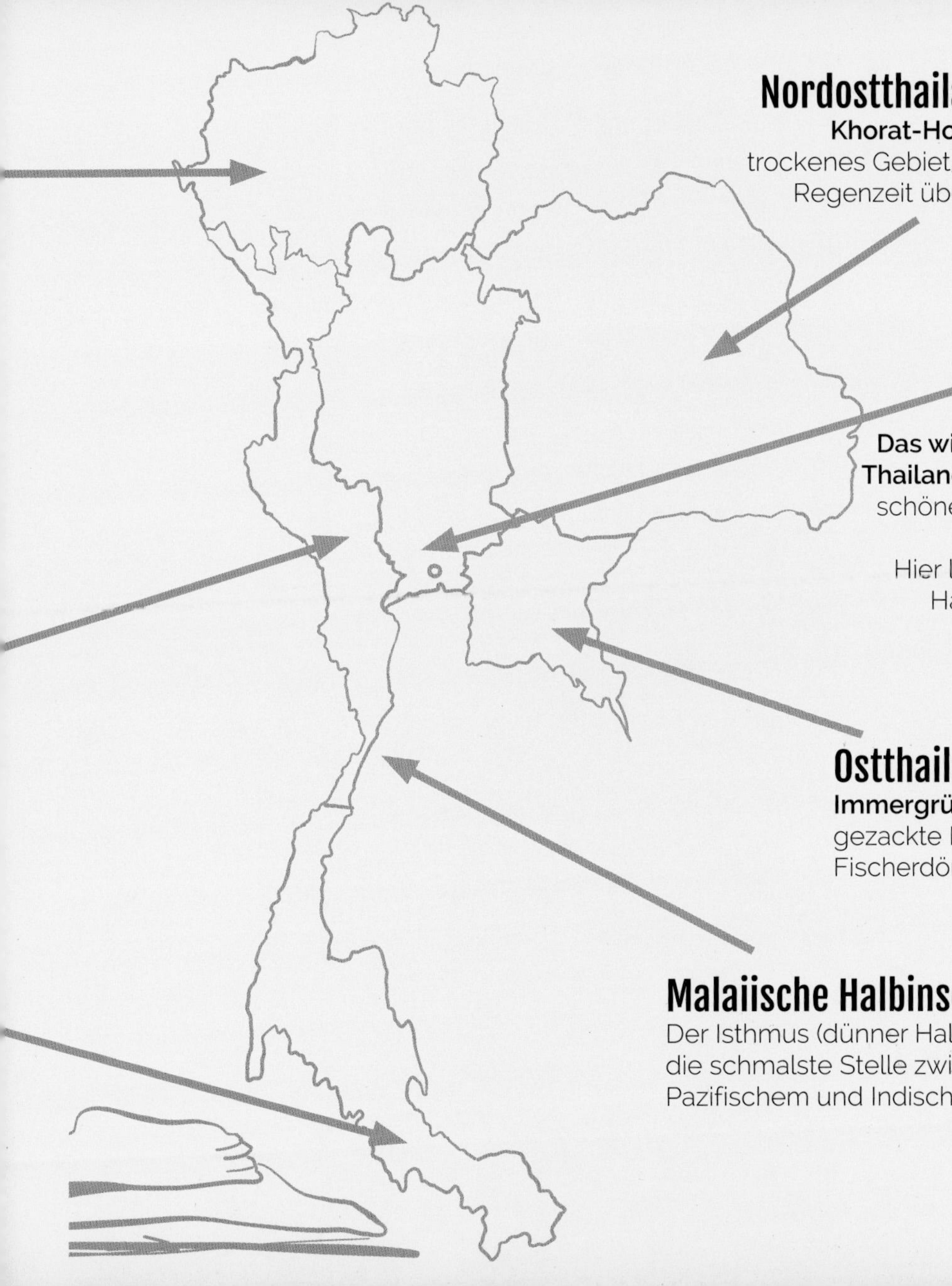

## Nordostthailand (ISAN)

**Khorat-Hochebene,** ein trockenes Gebiet, während der Regenzeit überschwemmt.

## Zentralthailand

**Das wirtschaftliche Zentrum Thailands**. Es bietet zahlreiche schöne Strände und ist daher eine Tourismusregion. Hier liegt auch Bangkok, die Hauptstadt von Thailand.

## Ostthailand

**Immergrüner Regenwald**, stark gezackte Küstenlinie, viele Fischerdörfer und Traumstrände.

## Malaiische Halbinsel

Der Isthmus (dünner Hals) von Kra ist die schmalste Stelle zwischen Pazifischem und Indischem Ozean.

# MAE NAM KHONG/ MEKONG

**Der Mekong durchquert mehrere Länder in Südostasien, er ist die östliche Grenze Thailands zu Laos.**

Sein Name bedeutet
**Mutter aller Wasser.**

**Er gilt als der zweitartenreichste Fluss der Welt nach dem Amazonas.**

## Goldenes Dreieck:

Hier mündet der **Fluss Ruak in den Mekong und bildet das goldene Dreieck zwischen Laos, Myanmar und Thailand.** In diesem Gebiet wurde einst in großem Stil Schlafmohn angebaut, einer der Hauptlieferanten für Opium und Heroin. Der Anbau von Schlafmohn ist heute in Thailand illegal.

## Erste thailändisch-laotische Freundschaftsbrücke in Nong Khai:

Sie verbindet Nong Kkai mit Vientiane in Thailand. Sie hat eine Länge

**von ca. 1200 m.**

**Auf der ganzen Länge des Mekong gibt es Kreuzfahrten.**

# DIE MONARCHIE

**Bis ins 19. Jahrhundert** gab es **keinen Nationalstaat,** sondern **viele *müang*** (lokale Fürstentümer), die in einem losen Verbund standen – dieser Verbund wurde *mandala* genannt.

Seit dem

## 19. Jahrhundert

**regiert die Chakri-Dynastie.**

## 1932 wurde

die absolutistische Monarchie abgeschafft und in eine konstitutionelle Monarchie umgestaltet,

**die Könige der Chakri-Dynastie aber blieben an der Macht.**

Bhumibol regierte vom **9. Juni 1946** bis zum

**13. Oktober 2016**

**als Rama IX.,** er war das am längsten dienende Staatsoberhaupt nach **König Elisabeth II.** und der am längsten dienende Monarch in Thailand. Gelb gilt als seine Farbe.

**Er wurde in den USA geboren.**

Sein Motto war: »Ich werde das Land einzig zum Vorteil seiner Menschen regieren.«

## Bhumibol war mit Sirikit

verheiratet, die er an seinem Krönungstag zur Königin machte.

# DIE KÖNIGE DER CHAKRI-DYNASTIE

**Seit 1960 wird wieder verlangt,** sich vor dem König niederzuwerfen.

Der Palast verkauft **gelbe Armbänder** oder **gelbe T-Shirts** mit der Aufschrift:

**»Wir lieben den König«.**

Bhumibol war begeisterter **Hobbyfotograf.**

Bhumibol spielte **Saxophon**, auch mit Benny Goodman.

**Er war auch der oberste Pfadfinder Thailands.**

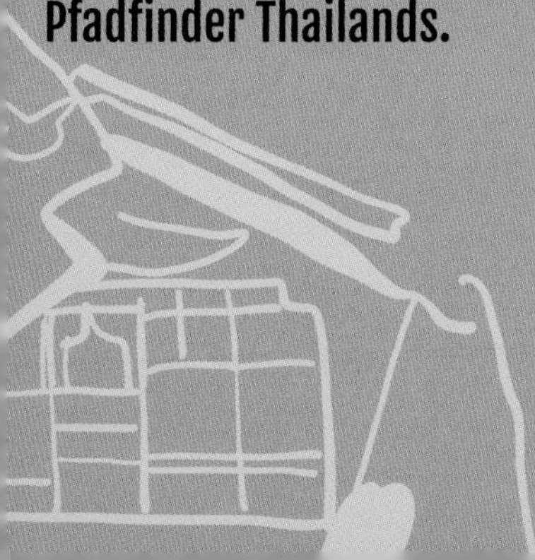

**Sie werden außerhalb von Thailand Rama genannt.**

**Rama I.**
Phra Phutthayotfa Chulalok (1782–1809)

**Rama II., Phra**
Phutthaloetla Naphalai (1809–1824)

**Rama III.**
Phra Nang Klao (1824–1851)

**Rama IV.**
Mongkut (1851–1868)

**Rama V.**
Chulalongkorn (1868–1910)

**Rama VI.**
Vajiravudh (1910–1925)

**Rama VII.**
Prajadhipok (1925–1935)

**Rama VIII.**
Ananda Mahidol (1935–1946)

**Rama IX.**
Bhumibol Adulyadej (1946–2016)

**Rama X.,**
Maha Vajiralongkorn Bodindradebayavarangkun, amtierender König seit 2016

# THAILANDS DSCHUNKEN UND KÖNIGLICHE BARKASSEN

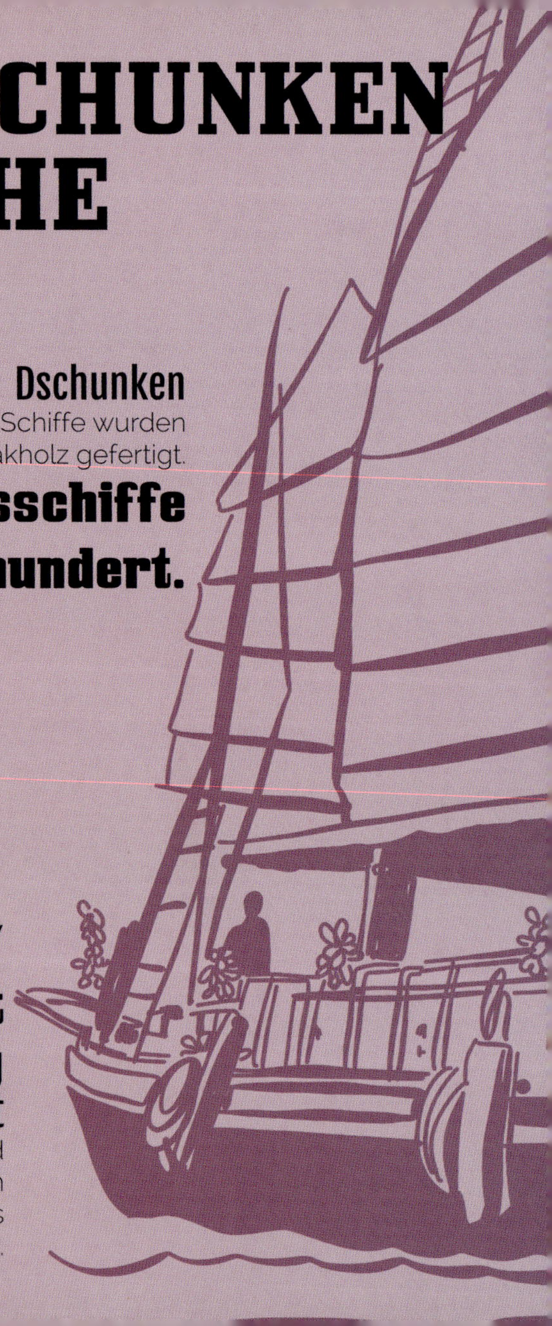

## Dschunken

Die Schiffe wurden
meist aus Teakholz gefertigt.

**Sie waren auch die Kriegsschiffe im 12. Jahrhundert.**

Sie waren etwa

**60 m lang und 9 m breit.**

Schon Marco Polo beschrieb die Dschunken in seinen Reiseerinnerungen.

## Ruea Hang Yao/ Langheckboot

**Sie sind 14–18 m lang und unter 2 m breit**

und werden mit Motoren betrieben. Sie sind auf Grund ihrer Konstruktion gut für die Beschiffung von flachen Gewässern geeignet und werden daher in den Khlongs (Kanälen) eingesetzt.

# Die königlichen Barkassen

## Red Baron:

Ebenfalls ein Nachbau, die größte Segeljacht im Golf von Thailand.

**Dschunken konnten bis zu 300 Leute befördern,** und Fracht bis zu einem Gewicht **von 400 t aufnehmen.**

# DAS KLIMA

**Das Klima ist ein tropisches Sommerregenklima,**
also heiß und schwül, kühler nur in den Bergen oder im Winter.

## Der kühlste Punkt ist Doi Inthanon im Norden.

**Die Monsunwinde und -niederschläge**
wirken sich in den verschiedenen Regionen unterschiedlich auf das Wetter aus.

## Es gibt drei Jahreszeiten:

**Sommermonsun:** Mai bis Oktober
**Wintermonsun:** November bis Februar
**Zwischenmonsun:** März bis Mai (wenig Wind, große Hitze, schwere Gewitter)

**Die Regenmengen sind sehr unterschiedlich,**
**im Süden** regnet es
**bis zu 11 Monate im Jahr,**
**im Norden**
**nur ca. 5 Monate.**

**Die feuchte Hitze**
ist belastend für den Kreislauf, vor allem in Städten wie Bangkok, wo ein **Treibhausklima** herrscht.

# KÜNSTLICHER REGEN FON LUANG

**Bhumibol finanzierte ein Projekt,**
das die Trockenheit bekämpfen sollte.

Er wurde der

**Königliche Regenmacher**

genannt.

Die Wolken werden durch eine Kombination **ungiftiger Chemikalien** zum Abregnen gebracht.

**Die Mischung wurde in Thailand entwickelt und 1969 erstmals eingesetzt.**

**Chemikalien und Trockeneis werden mit Flugzeugen auf den Wolken aufgebracht.**

**2003**

wurde beim **United States Patent and Trademark** Office und im Europäischen Patentamt ein Patent im Namen des Königs angemeldet.

# TSUNAMI

## 26. Dezember 2006

Das zweitstärkste jemals registrierte Erdbeben löste einen Tsunami aus.

Die Verschiebungen der Indisch-Australischen Platte und der Eurasischen Platte lösten eine gigantische Flutwelle aus.

**Sie traf Thailand ca. 45 Minuten** nach dem Beben.

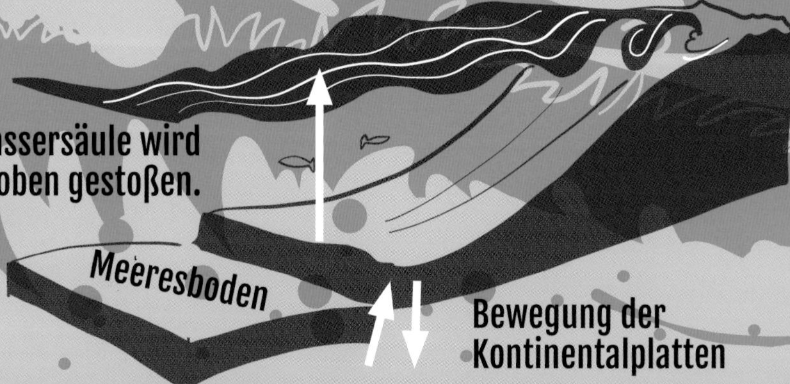

Betroffen waren die Südprovinzen
**Satun, Trang, Krabi, Phang Nga, Ranong und Phuket.**

**Die Wassermassen**
**trafen die Traumstrände, vor allem auch die Urlauberparadiese Khao Lak und Phuket, und verwüsteten sie.**

Mehr als
**5000 Menschen**
kamen ums Leben.

Die hohe Opferzahl ist auch auf **das Fehlen eines Frühwarnsystems** zurückzuführen.

# MA PEN RAI – SANUK, SABAI UND SUAY

**Im Land des Lächelns wird mit den Unannehmlichkeiten des Lebens gelassener umgegangen.**

## Ma pen rai – Das macht nichts –

ist die wichtigste Antwort in vielen Situationen. Sie wird auch verwendet, wenn man Problemen aus dem Weg gehen möchte. Der buddhistische Glaube und der Glaube an das Karma lehren, dass negative Erlebnisse nicht so wichtig genommen werden sollen.

## Sia naa – Der Gesichtsverlust

**gehört zum Schlimmsten, was einem Thai passieren kann.**

Thais legen großen Wert auf die soziale Hierarchie, daher kleiden sie sich gern gut und vermeiden Sonnenbräune, um in der sozialen Hierarchie anerkannt zu werden. Dafür werden auch Ungerechtigkeiten lieber weggesteckt als thematisiert. Laut zu werden in einer Diskussion ist daher unverzeihlich. Die Gelassenheit ist eine wichtige Tugend.

# Die drei Säulen des thailändischen Lebens:

## Sanuk – Spaß

Ziel ist es, im Leben und in der Arbeit *sanuk* zu haben. Was keinen Spaß macht, wird vermieden, wenn es geht.
Thailänder waren immer verwöhnt durch das üppige Angebot an Nahrungsmitteln – das Leben war ohne große Anstrengung möglich. Daher entwickelte sich auch eine große Kultur der Geselligkeit, von Freizeitaktivitäten. Essen ist sehr *sanuk*, auch Shopping oder Fernsehen.

## Sabai – angenehm, bequem

»Fühlst du dich wohl?« ist die Entsprechung der Frage: Wie geht es dir? Reisen ist für Thailänder nicht besonders interessant – *sabai* ist es vor allem in Thailand.

## Suay – Schönheit

Die Thailänder sind Ästheten. *Suay* ist die wichtigste Entscheidung beim Kauf von Dingen, auch des alltäglichen Lebens. Oft ist das Äußerliche wichtiger als der praktische Nutzen.

# BEGRÜSSUNG

Normalerweise spricht man einander mit dem Vornamen an,
oft wird *khun* (entspricht »Herr« oder »Frau«) vor den Namen gestellt.

## Körperliche Berührungen

zwischen den Geschlechtern werden vermieden, daher wird mit dem traditionellen *wai* gegrüßt

### Wai

Die Hände werden vor der Brust zusammengelegt.

In der Höhe der Stirn
oder höher bei Mönchen.

Der in der Rangordnung Niedere
grüßt den höher Gestellten zuerst.

Der Gruß von Dienstpersonal, Taxifahrern oder Kindern **wird nicht erwidert.**

Diese Gesten
werden immer von
einem Lächeln begleitet.

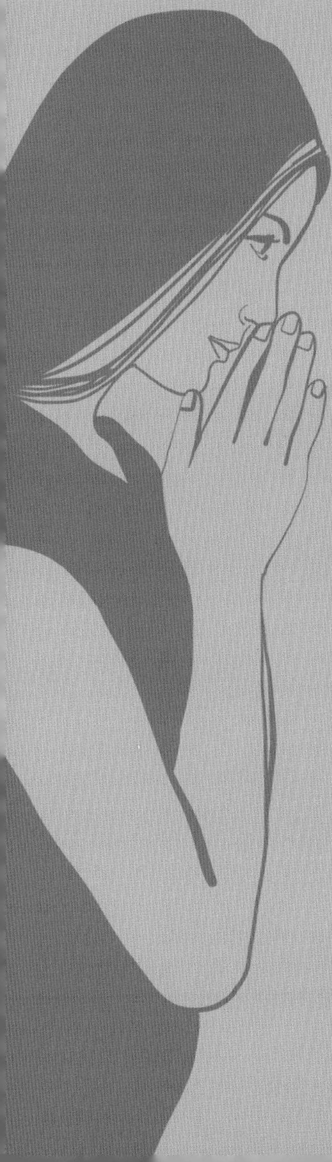

Der *wai* wird auch als

**Entschuldigungsgeste**

benutzt, begleitet von
einem Lächeln.

Der *wai* ist ebenfalls

**eine Geste des Dankes**

für ein Geschenk.

Die Höhe
**der Handhaltung** ist ein
Zeichen des Respekts.

Fingerspitzen in
Kinn- oder Nasenhöhe:
bei Gleichgestellten
oder Gleichaltrigen.

Ausländer werden oft auch
mit Händeschütteln begrüßt.

# BENEHMEN IN THAILAND

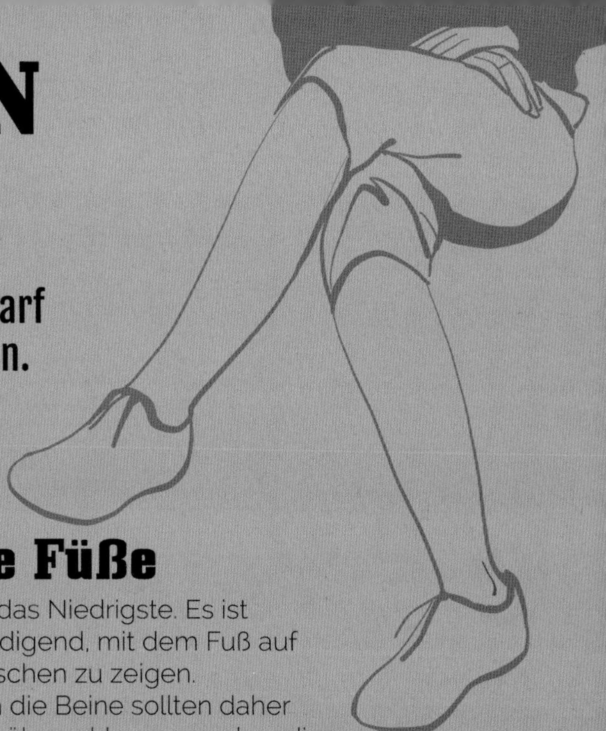

**Die linke Hand gilt als unrein, mit ihr darf nichts genommen oder gereicht werden.**

**Meist um 8:00 und um 18:00 Uhr** und im Kino vor dem Hauptfilm wird die **Nationalhymne gespielt.** Dabei steht man auf und legt die rechte Hand aufs Herz.

## Die Füße

sind das Niedrigste. Es ist beleidigend, mit dem Fuß auf Menschen zu zeigen.
Auch die Beine sollten daher nicht überschlagen werden, die Fußsohle könnte auf den anderen gerichtet sein.

**Das Verunglimpfen des Königs** ist strafbar und wird mit **bis zu 30 Jahren Gefängnis geahndet.**

**Die Essstäbchen nicht senkrecht in den Reis stecken.** Das erinnert an Räucherstäbchen, die für Verstorbene verbrannt werden.

## Lächeln

ist auch bei Ablehnung wichtig.

Den **Oberkörper** neigen als Geste, um nicht von oben auf den Kopf zu schauen.

## Frauen

ist es untersagt, Mönche zu berühren.

Der **Kopf** ist absolut tabu und darf nicht berührt werden. **Auch darf nicht auf ihn herabgesehen werden.**

**Nie von einem Balkon oder hochgelegenem Fenster** auf einen Festzug hinunterblicken.

## Zufällige Berührungen

des Kopfes müssen vermieden werden.

**Unbefugtes Berühren von Buddha-Statue**n oder das Hinaufklettern ziehen hohe Strafen nach sich.

Austausch von **Zärtlichkeiten** in der Öffentlichkeit ist tabu.

**Geldscheine, auf denen der König abgebildet** ist, dürfen nicht beschmutzt werden.

**Es ist verboten, auf sie zu treten.**

**Müll** auf die Straße zu werfen ist nicht erwünscht.

# BUSINESS IN THAILAND

Die Thailänder sind ihrer Tradition verhaftet, wichtig ist,
nie das Gesicht zu verlieren.
Laut zu werden oder die Beherrschung zu verlieren, ist unverzeihlich.

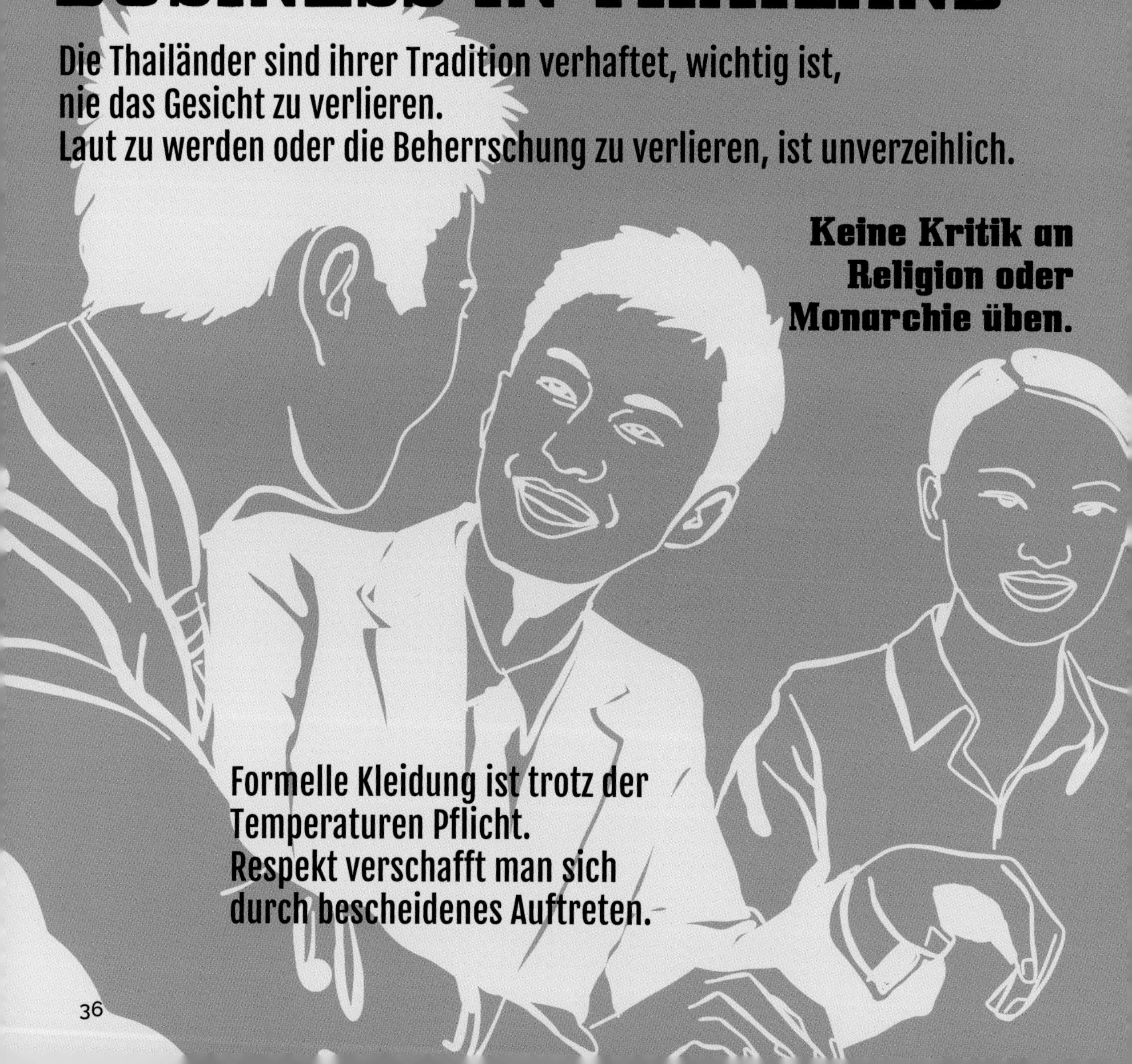

**Keine Kritik an Religion oder Monarchie üben.**

Formelle Kleidung ist trotz der Temperaturen Pflicht.
Respekt verschafft man sich durch bescheidenes Auftreten.

## Termine werden mit Small Talk eröffnet.

Man spricht sich mit dem Vornamen an, Nachnamen müssen erst seit dem 20. Jahrhundert getragen werden. Trotzdem gibt es eine straffe Hierarchie.

## Harmonie und Spaß gehören auch ins Arbeitsleben, Kontroversen sollten nie offen ausgetragen werden.

# MASSE UND GEWICHTE

Heute wird nach dem metrischen System gearbeitet.
**Oft werden auch englische Maße verwendet.**

Die alten Maße haben sich in Berufsgruppen erhalten.

## Längenmaße

1 nio = 2 cm
1 khuep = 25 cm
1 sok = 50 cm
1 wa = 2 m

## Landwirtschaftliches Flächenmaß

1 rai = 1600 $m^2$
1 ngan = 400 $m^2$
1 tarang = 4 $m^2$

**Maßbänder haben eine doppelte Skala: nio und cm.**

## Reisgewichte

1 coyan ungeschälter Reis = 968 kg
1 kwian weißer Reis = 1391 kg

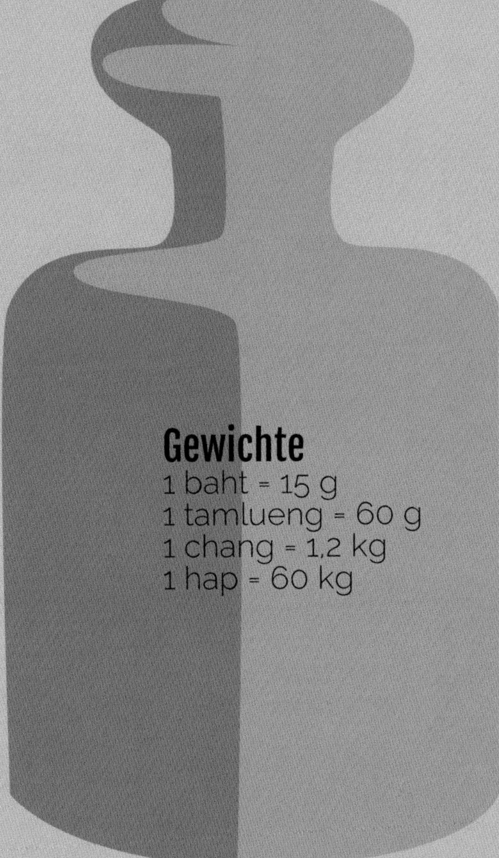

## Gewichte

1 baht = 15 g
1 tamlueng = 60 g
1 chang = 1,2 kg
1 hap = 60 kg

## Flüssigkeitsmaße

1 thanan = 1 l
1 sat = 20 l
1 kwian = 2000 l

# THAILÄNDISCHE ZAHLEN UND ZIFFERN

**In Thailand gibt es eine eigene Ziffernschrift, im Alltag werden allerdings oft arabische Zahlen verwendet.**

| | | | | | | | |
|---|---|---|---|---|---|---|---|
| sun | 0 | ๐ | ศูนย์ | ha | 5 | ๕ | ห้า |
| nueng | 1 | ๑ | หนึ่ง | hok | 6 | ๖ | หก |
| song | 2 | ๒ | สอง | chet | 7 | ๗ | เจ็ด |
| sam | 3 | ๓ | สาม | paet | 8 | ๘ | แปด |
| si | 4 | ๔ | สี่ | kao | 9 | ๙ | เก้า |

| | | | |
|---|---|---|---|
| sip | 10 | ๑๐ | สิบ |
| sip et | 11 | ๑๑ | สิบเอ็ด |
| sip song | 12 | ๑๒ | สิบสอง |
| yi sip | 20 | ๒๐ | ยี่สิบ |
| yi sip et | 21 | ๒๑ | ยี่สิบเอ็ด |
| yi sip song | 22 | ๒๒ | ยี่สิบสอง |
| roi | 100 | ๑๐๐ | ร้อย |
| phan | 1 000 | ๑๐๐๐ | พัน |
| muen | 10 000 | ๑๐๐๐๐ | หมื่น |
| saen | 100 000 | ๑๐๐๐๐๐ | แสน |
| lan | 1 000 000 | ๑๐๐๐๐๐๐ | ล้าน |

# THAILÄNDISCHE WÄHRUNG

## Die offizielle Währung Thailands ist der Baht.

**Baht** ist eigentlich die **Gewichtseinheit** für Gold, sie ist heute noch bei Juwelieren gebräuchlich.

**1 baht = 15,16 g**

### Münzen

1, 2 , 5 , 10 baht
25, 50 satang

1 baht = 100 satang
25 satang = 1 salueng

## Münzenrückseiten zeigen bedeutende Tempel:

25-Satang-Münze: **Wat Phra Mahathat Woramaha Viharn** in Nakhon Si Thammarat

50-Satang-Münze: **Wat Phra That Doi Suthep in Chiang Mai**

1-Baht-Münze: **Wat Phra Kaeo in Bangkok**

2-Baht-Münze: **Wat Phu Khao Thong in Bangkok**

5-Baht-Münze: **Wat Benchamabophit in Bangkok**

10-Baht-Münze: **Wat Arun in Bangkok**

## Die ersten Münzen

zeigten das Wappen von Siam, den dreiköpfigen Elefanten und auf der anderen Seite das Portrait des Königs.

**Unter König Chulalongkorn (Rama V.) wurden die ersten Münzen geprägt und Geldscheine eingeführt (1889).**

# Banknoten gibt es zu:

**20, 50, 100, 500 und 1000 Baht**

# DER KALENDER

## Suriyakati-Kalender

Das gebräuchliche Kalendersystem heißt Suriyakati-Kalender. Es basiert auf dem gregorianischen System, **rechnet allerdings die Jahre der buddhistischen Zeitrechnung.**

Zu der gregorianischen Jahreszahl werden **534 Jahre** dazugezählt.

**König Chulalongkorn (Rama V.) führte den Kalender 1888 ein.**

**In Thailand werden oft beide Kalender geführt.**

## Das Jahr beginnt

Ende November/Anfang Dezember; **November** wird als erster Monat des Jahres gezählt.

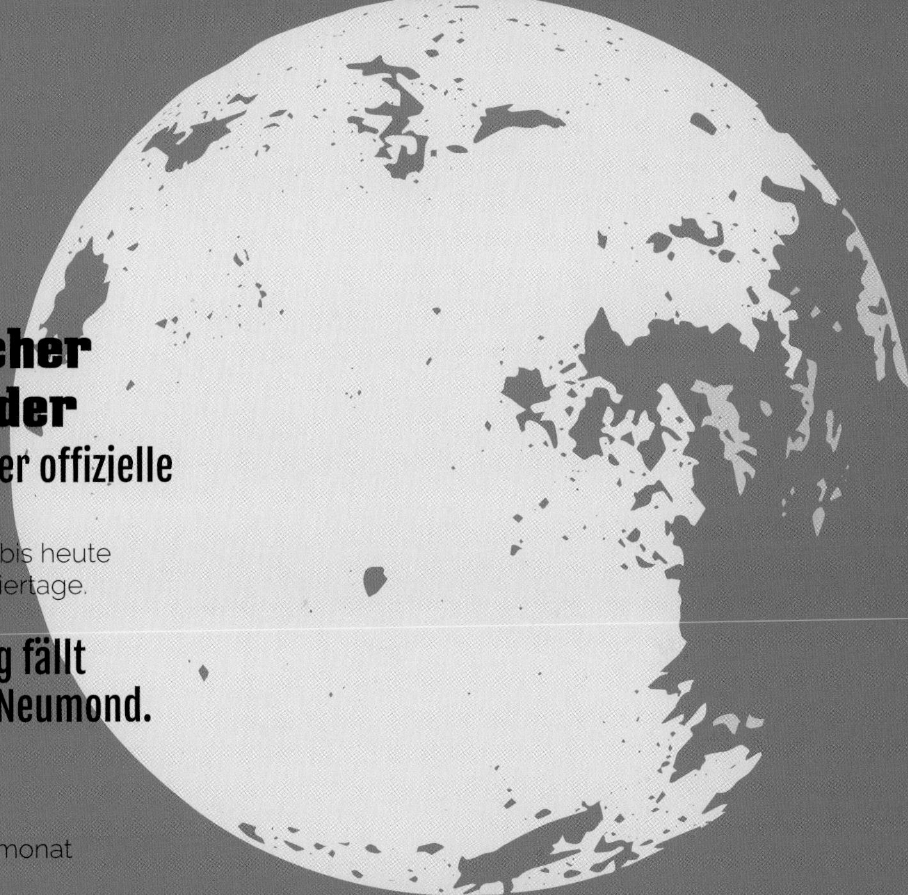

# Thailändischer Mondkalender

## Er war bis 1888 der offizielle Kalender.

Nach ihm richten sich bis heute die buddhistischen Feiertage.

## Der Monatsanfang fällt immer auf einen Neumond.

Die Monate haben
**29 oder 30 Tage,**
einmal wird ein Schaltmonat eingeschaltet.

Etwa alle drei Jahre gibt es zwei Schaltmonate, um den Mondkalender mit dem Sonnenkalender abzugleichen.

## Die Monate sind zweigeteilt:

Die Zeit von Neumond bis Vollmond:
15 Tage;
von Vollmond bis Neumond:
14 oder 15 Tage

# Wan Phra

Wan Phra sind heilige Tage für Buddhisten, es sind Tage der inneren Einkehr. Sie fallen auf **den 8., 15., 23. und den letzten Tag eines Monats.**

# DER TAG IN THAILAND

**Tschao:**
meint zwischen
**6 und 11 Uhr**

**Yen:**
das Wort für die kühlere Zeit
**abends, meist nach 18 Uhr**

**Kyn:**
**die Zeit nach 22 Uhr**

**Farang-Zeit (Ausländerzeit):**
Ausdruck für ein Treffen zu einem fixen Zeitpunkt.

Bei Treffen empfiehlt es sich, den genauen Zeitpunkt auszumachen.

# DIE FARBEN DER WOCHENTAGE

**Den Wochentagen sind Farben zugeordnet, oft werden T-Shirts in den Farben des jeweiligen Tages getragen.**

Montag = Gelb

Dienstag = Rosa

Mittwoch = Grün

Donnersta

Orange

Freitag = Blau

Samstag = Lila

Sonntag = Rot

# FESTE UND FEIERTAGE

## IM JAHR VERTEILT

### Königliche Barken-Prozession

Findet seit mehr als **700 Jahren** statt. 52 Barken mit mehr als **2000 Ruderern** sind daran beteiligt. Sie fahren in einer historischen Kampfformation den Fluss Chao Phraya hinunter.

## JANUAR

### 1.

### Neujahr

Basierend auf dem Thailändischen **»Mondkalender«, Theravada (Buddhistischer Feiertag).**

## APRIL

### 6.

### Chakri-Gedenktag,

Gedenktag für Rama I., den Gründer der Dynastie

### 13.–15.

### Thailändisches Neujahrsfest

Songkran

## MAI

### 5.

**Tag der Krönung von König Bhumibol**
öffentlicher Feiertag

## JULI

**23.**

### Vassa

**Beginn der Regenklausur für Mönche**

In der Provinz **Ubon Ratchathani** findet das Kerzenfestival statt, kunstvoll geschnitzte Figuren aus Kerzenwachs werden zur Verehrung Buddhas hergestellt.

## SEPTEMBER

### Sartthai-Tag

Erinnerung an die Verstorbenen im September.

## OKTOBER

### Ok Phansa Tag

**Ende der Regenklausur**

## NOVEMBER

### Kathina-Zeremonie:

Buddhistische Zeremonie, bei der den Mönchen neue Kleidung übergeben wird. Sie findet nach der dreimonatigen Regenzeitklausur statt.

## DEZEMBER

**5.**

**Nationalfeiertag**: war der Jahrestag des Endes der absoluten Monarchie, heute der 5. Dezember (Geburtstag Bhumibols).

**10.**

Verfassungstag

# PHI-TA-KHON-FESTIVAL

**Es findet im Bezirk Dan Sai, im Nordosten Thailands, jährlich im Juni/Juli statt.**

Das Fest geht auf

## die Legende vom Prinzen Vessadorn

zurück.
Er war die vorletzte Inkarnation von Buddha und unternahm **eine lange Reise auf dem Rücken eines weißen Elefanten.**

## Die Bevölkerung fürchtete, durch den Verlust des weißen Elefanten vom Glück verlassen zu werden.

Der König rief seinen Sohn zurück, seine Rückkehr wurde so laut und ausgelassen gefeiert,

## dass sogar die Toten erwachten und ihn willkommen hießen.

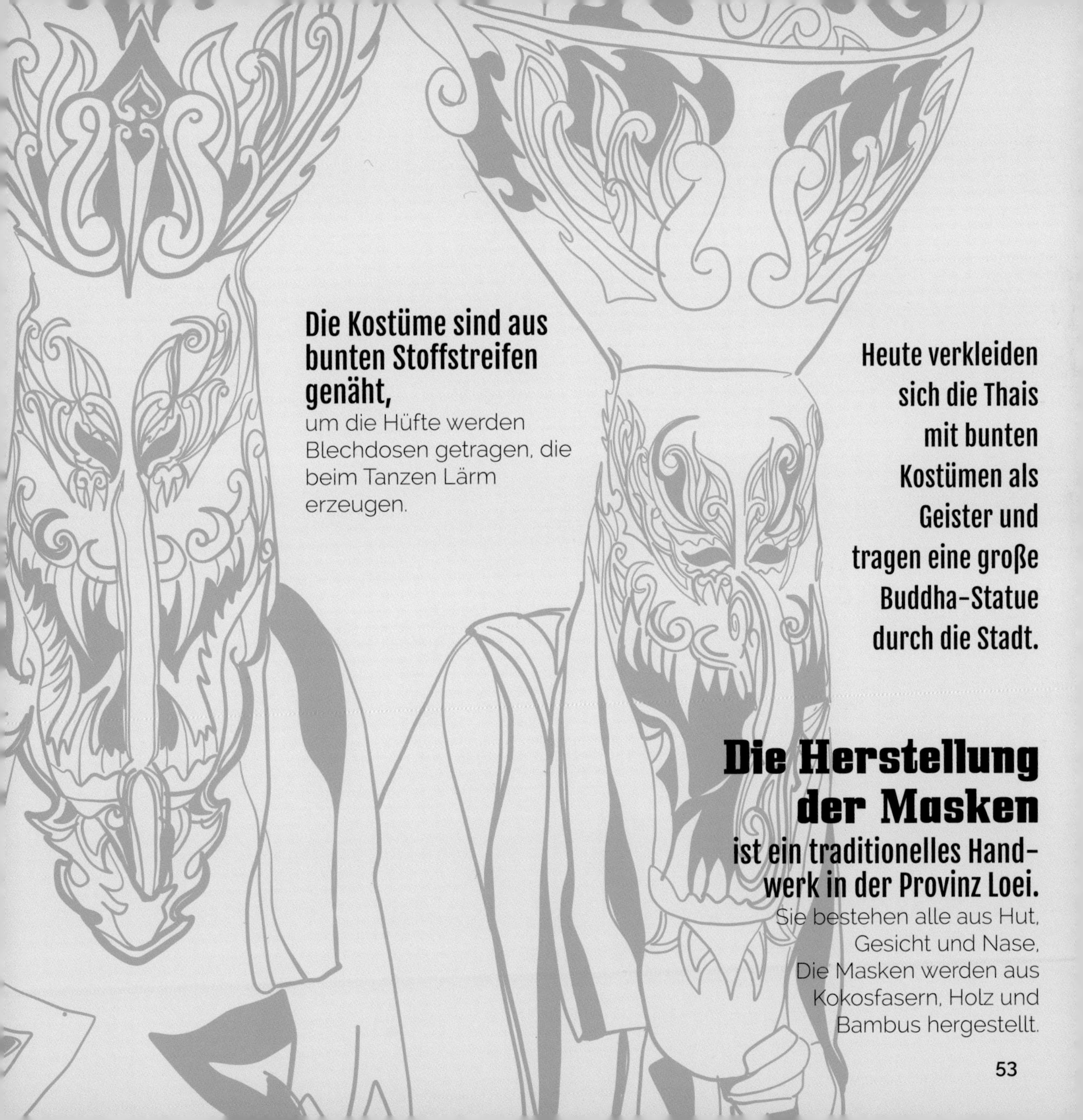

**Die Kostüme sind aus bunten Stoffstreifen genäht,**
um die Hüfte werden Blechdosen getragen, die beim Tanzen Lärm erzeugen.

**Heute verkleiden sich die Thais mit bunten Kostümen als Geister und tragen eine große Buddha-Statue durch die Stadt.**

## Die Herstellung der Masken

**ist ein traditionelles Handwerk in der Provinz Loei.**
Sie bestehen alle aus Hut, Gesicht und Nase, Die Masken werden aus Kokosfasern, Holz und Bambus hergestellt.

# BLUMENFESTIVAL IN CHIANG MAI

Es findet am ersten Februarwochenende in Chiang Mai, der Provinzhauptstadt, statt.

Das Festival findet seit mehr als 30 Jahren statt.

Es ist eine große **Blumenausstellung** zur Zeit der **Orchideenblüte.**

**Die Blumenkönigin wird gekürt.**

Sie vertritt jeweils für ein Jahr die Blumenzüchter aus der Region.

Auch die Straßen werden
mit Blumen geschmückt.
Es findet auch eine Parade von
Blumenwagen statt. Der schönste
Blumenwagen wird prämiert.

Die Parade startet beim **Bahnhof**
und zieht sich über die Nawarat-Brücke
bis zum
**Nong-Buak-Hat-Park.**

**Höhepunkt**
**ist eine festliche Parade
mit traditionellen
Trachten und
blumengeschmückten
Umzugswagen.**

# VEGETARISCHES FESTIVAL IN PHUKET

## Ab dem ersten Tag des 9. Mondmonats **des Chinesischen Kalenders**

halten vor allem in Thailand lebende Chinesen **eine streng vegetarische Diät,** die der Entgiftung und Reinigung von Körper und Seele dient.

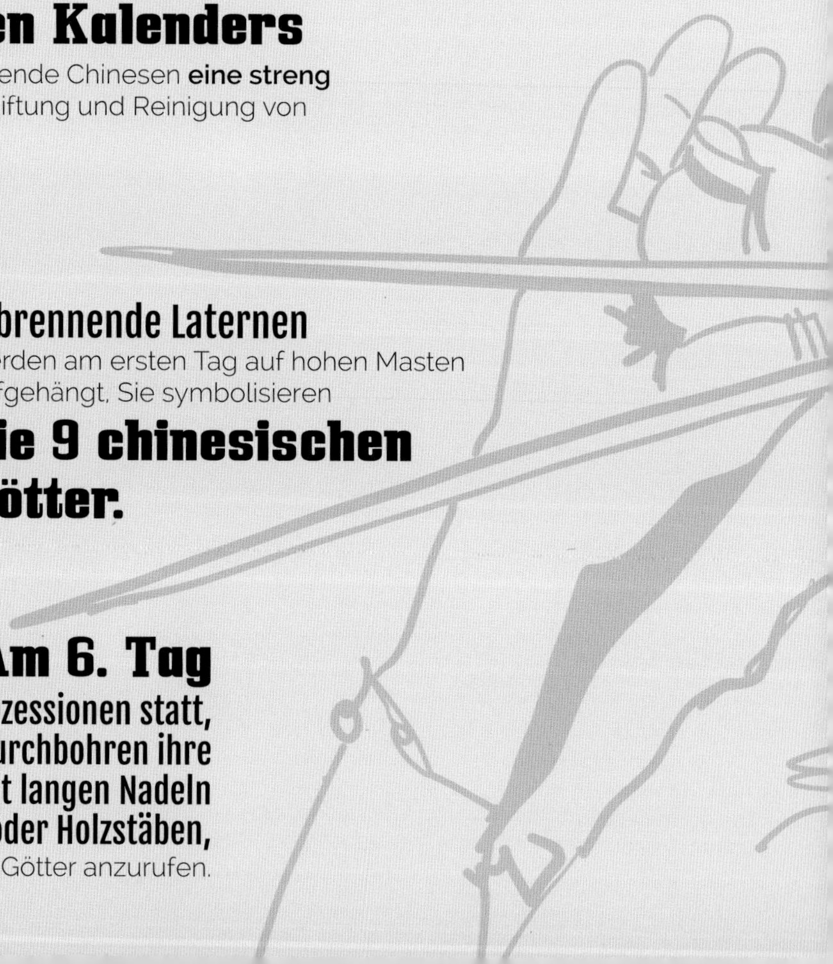

### 9 brennende Laternen

werden am ersten Tag auf hohen Masten aufgehängt. Sie symbolisieren

**die 9 chinesischen Götter.**

### Am 6. Tag

**finden Prozessionen statt, die Teilnehmer durchbohren ihre Gesichter mit langen Nadeln oder Holzstäben,**

um die Götter anzurufen.

Sie laufen über **glühende Kohlen** oder besteigen **Leitern mit messerscharfen Sprossen.**

**Die Teilnehmer tragen weiße Kleidung.**

**Die »mutigen« Taten sollen die Götter gnädig stimmen und die Teilnehmer vor Unglück bewahren.**

# LOI KRATHONG (YI PENG)

Es findet in der Vollmondnacht des 12. Mondmonats statt.

**Die Legende sagt**, dass die Hofdame Nobhama am Hof von König Ramkhamhaeng den ersten *krathong* gemacht haben soll. Der König war so begeistert, dass er sie heiratete und ihr zu Ehren diese Zeremonie jedes Jahr wiederholte.

## Krathongs

Schiffchen aus Bananenblättern

Sie ehren die Flussgöttin Mae Khongkha,

außerdem werden mit ihnen Sünden und Unheil weggeschwemmt.

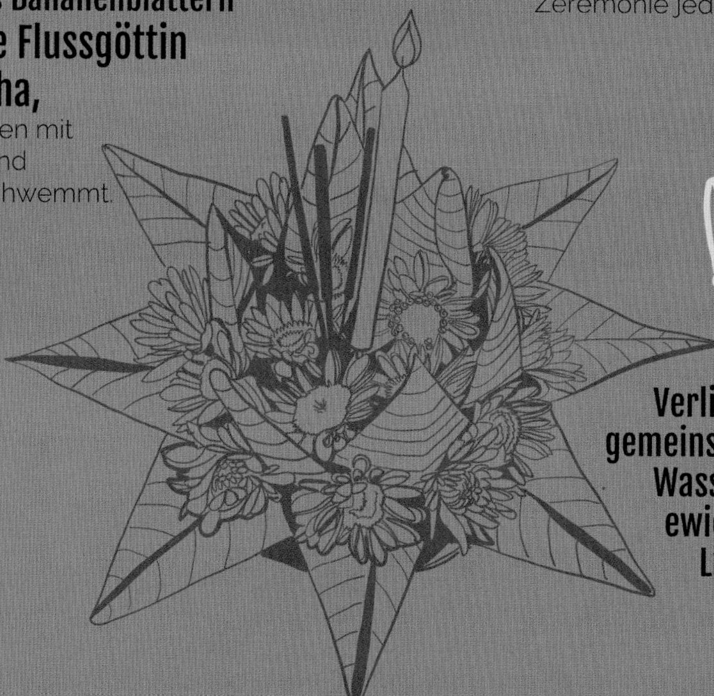

Verliebte Paare setzen gemeinsam *krathongs* ins Wasser, um damit den ewigen Bestand ihrer Liebe zu erreichen.

In Chiang Mai
wird das *loi krathong*
*yi peng* genannt.

**Hier werden tausende Heißluftlaternen aus Papier**

in den Himmel geschickt, auch sie sollen Sünden und Unheil forttragen und ehren den

Himmelsgott Phrathat Chulaman.

# SONGKRAN/NEUJAHR

**Das thailändische Neujahrsfest fällt in den April. Der November wird aber als erster Monat des Jahres gezählt.**

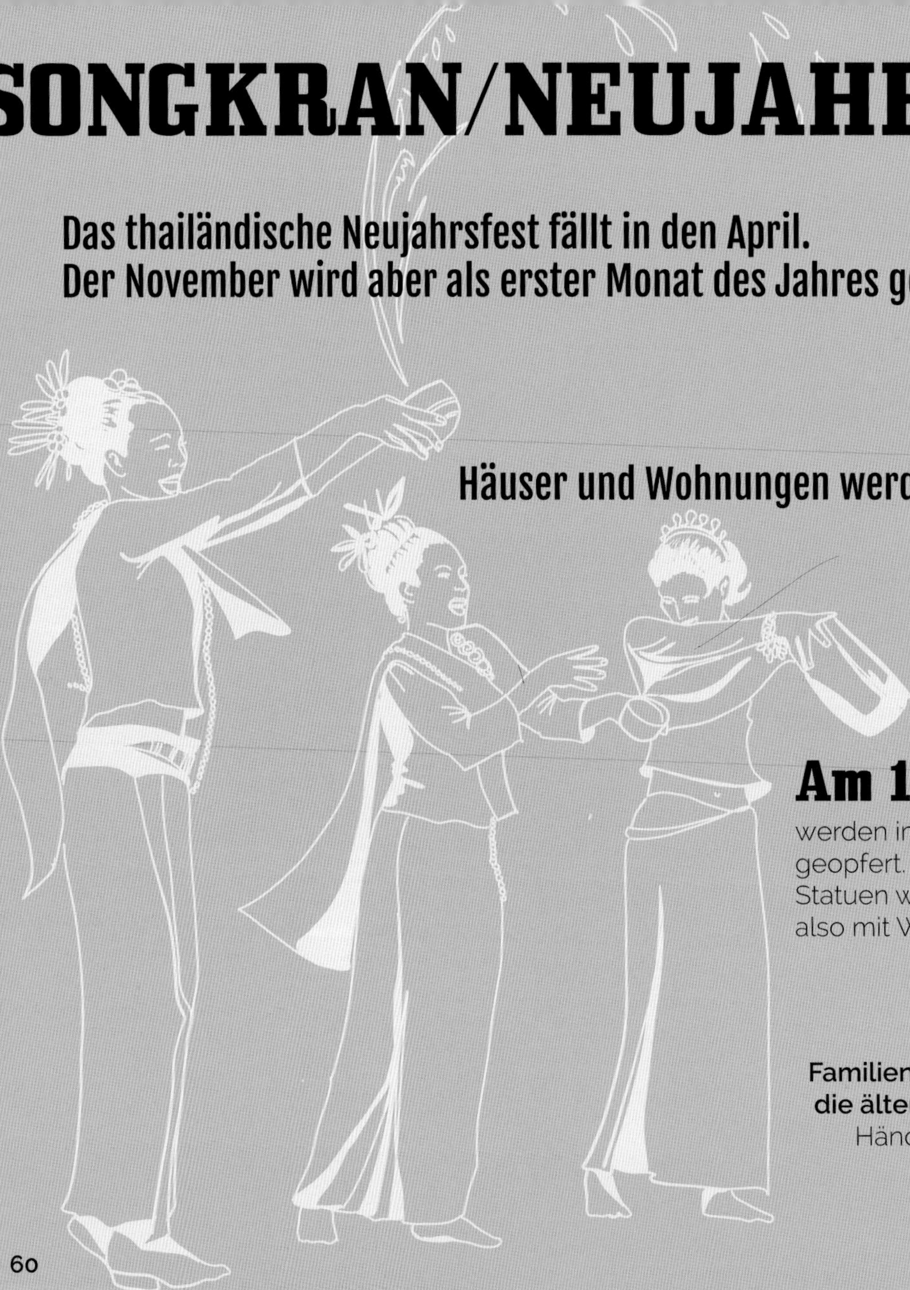

**Häuser und Wohnungen werden gereinigt.**

## Am 13. April

werden im *wat* Speisen geopfert. Die Buddha-Statuen werden gebadet, also mit Wasser begossen.

**Jüngere Familienmitglieder ehren die älteren**, indem sie die Hände der Älteren mit Jasmin-Wasser übergießen.

Sand wird im *wat* zu kleinen *chedis* aufgehäuft. Diese werden mit **bunten Fahnen** dekoriert.

**Die ursprünglich rituellen Waschungen werden heute auch bei Paraden oder Umzügen praktiziert:**
Zuschauer werden mit Wasser übergossen.

**Es finden regelrechte Wasser-schlachten mit Wasserpistolen statt.**

# FULL MOON PARTIES

**Veranstaltungen auf der** Insel Ko Phangan,

die bei jedem Vollmond von Bars und Diskotheken organisiert werden. Wenn religiöse Feste auf den Vollmond fallen, finden sie an anderen Tagen rund um den Vollmond statt.

**Die Partys entwickelten sich aus einem gelungenen privaten Fest in den 1980er-Jahren.**

Inzwischen gibt es auch Black Moon und Half Moon Partys

am Strand und Jungle Experience Partys im Regenwald.

**Sie werden von bis zu 30 000 Menschen besucht,**

heute sind auch Einheimische dort anzutreffen.

Die Partys laufen meist friedlich ab, aber es kommt **trotzdem manchmal zu Diebstählen oder Körperverletzungen.**

**Sie waren ein Geheimtipp für Tramper und Rucksacktouristen.**

**Der Strand und die Lokale werden zur Tanzfläche.**

**Auch Drogen sind im Umlauf.**
**Drogenbesitz wird in Thailand sehr streng bestraft.**

# DIE VEGETATION

Tropenwald: immergrüne Wälder
**im Norden und im Süden**

Monsuntrockenwald:
Er wirft Laub ab.

Mehr als die Hälfte des Staatsgebietes ist bewaldet.

**Allerdings verschwinden durch den Abbau von Teakholz große Flächen.**

Teakholz darf
**seit 1988**
nicht mehr geschlagen werden.

Mangrovenwälder:
**im Süden Thailands**

Bei Ebbe liegt der Wald trocken, bei Flut ist er von Salzwasser überspült.

Yang-Stämme:
Hartholzart

## Pflanzen wachsen in Stockwerken:

**Mittlere Etage:**
Flügelfruchtgewächse, immergrün, manche Arten stark harzhaltig, gerade, unverzweigte, hohe Stämme, sie werden bis zu 25 m hoch.

**Auf dem Boden:**
Farne, Schatten-Sträucher

## Bambusgras:

Die verholzten Teile werden zum Hausbau bzw. zum Bau von Nutzgegenständen verwendet. **Bambussprossen** sind ein Bestandteil der thailändischen Küche.

## Die größte Blüte der Welt: Rafflesia.

Sie riecht nach Aas und kann bis zu 1 m Durchmesser erreichen.

## Rattan

**Ein lilienartiges Regenwaldgewächs.** Es wird vor allem für den Möbelbau eingesetzt.

## Reisfelder und Gummibaumplantagen

im Menam-Becken

## Kokospalme

Sie wächst vor allem im Süden Thailands.

## Mehr als 1300 Orchideenarten

# DIE LANDTIERE THAILANDS

## Ca. 900 Vogelarten

wie Papageien, Fasane, wilde Pfaue

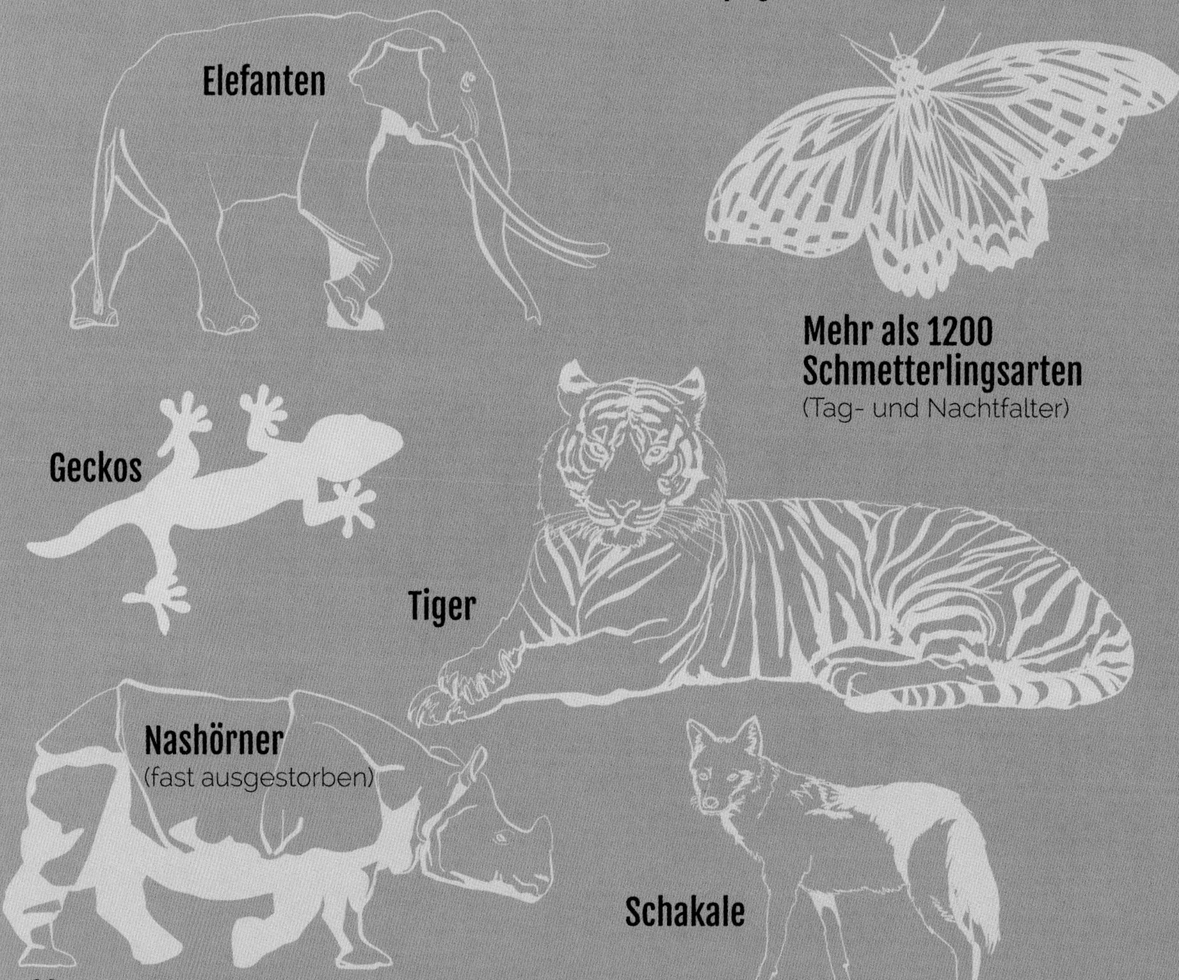

**Verschiedene Affenarten,**
auch Gibbons

Eidechsen und Schlangen,
**darunter Pythons,**
Königskobras und Brillenschlangen

**Fledermäuse**

**Leoparden**

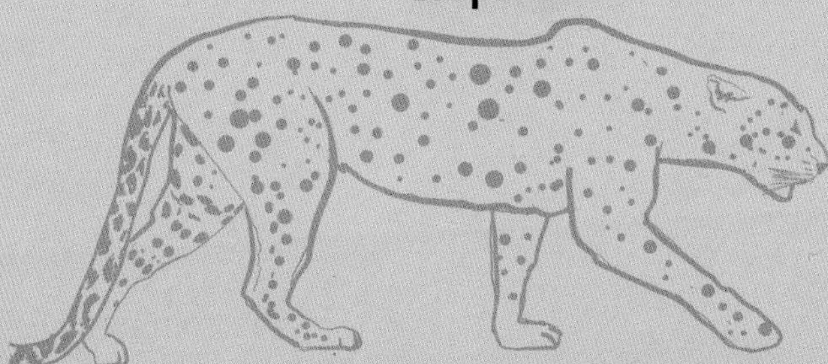

**Wildrinder wie Gaure und Wasserbüffel**

# ELEFANTEN

Sie haben eine Schulterhöhe
**von 2 m bis 3,50 m.**

**Gewicht:**
**2000–5500 kg**

Heute leben noch ca. 2000
**wilde Elefanten**
im Grenzgebiet zu Myanmar.

## Weitere 3000 Elefanten

**sind als Arbeitstiere eingesetzt.**

Elefanten können nicht schwitzen, sie haben in der Hitzeperiode (April und Mai) Ferien.

Elefanten arbeiten entweder im **Holztransport im Dschungel** oder als **Transportelefanten im Fremdenverkehr**.

Zwischen dem

**25. und 60.**

**Lebensjahr** liegt ihre Hauptarbeitszeit.

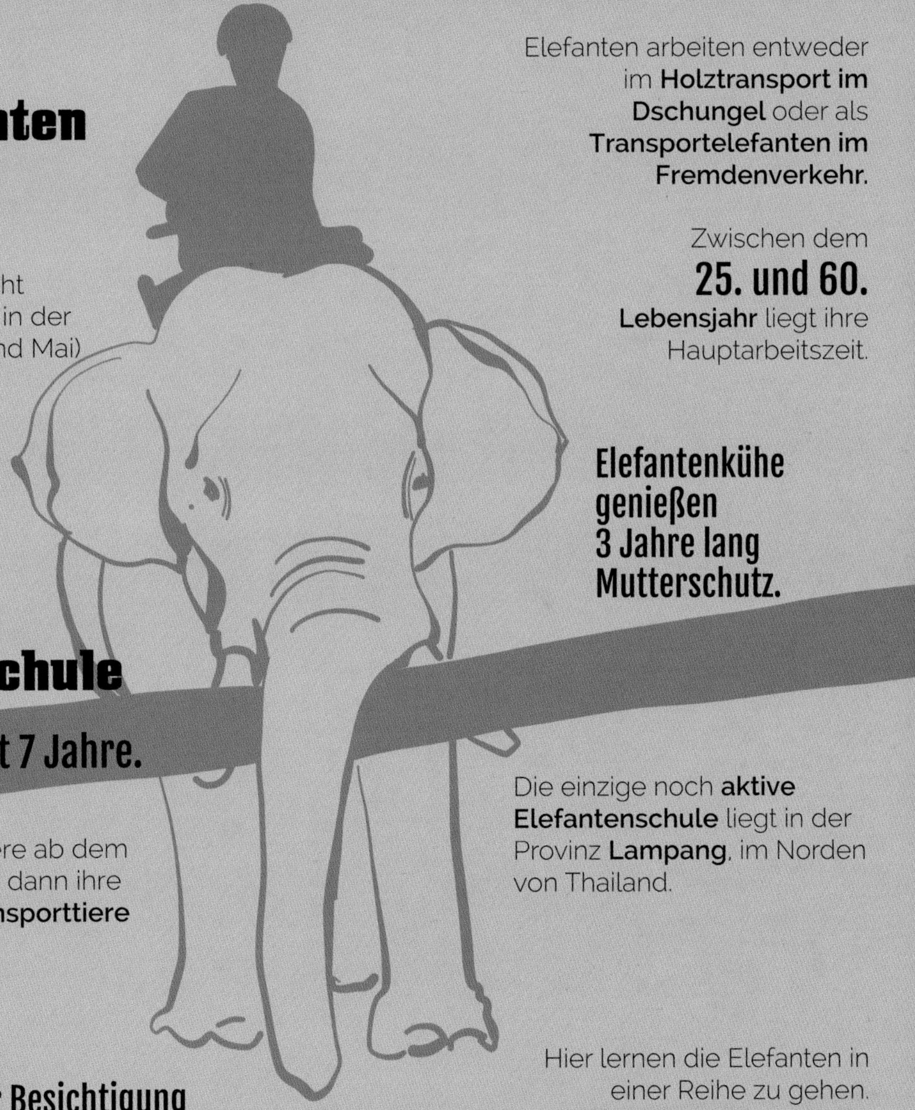

**Elefantenkühe genießen 3 Jahre lang Mutterschutz.**

## Elefantenschule

**Die Schule dauert 7 Jahre.**

Hier lernen die Tiere ab dem **3. Lebensjahr**, um dann ihre Aufgaben als **Transporttiere** wahrzunehmen.

Die einzige noch **aktive Elefantenschule** liegt in der Provinz **Lampang**, im Norden von Thailand.

**Elefantenschulen zur Besichtigung gibt es in Pattaya und nördlich von Bangkok.**

Hier lernen die Elefanten in einer Reihe zu gehen.
Sie lernen das Verschieben, Heben und Tragen von Baumstämmen.
**Sie lernen, dem *mahut* (Arbeiter) zu helfen.**

# MAHUTS

## Führer oder Eigentümer von Arbeitselefanten

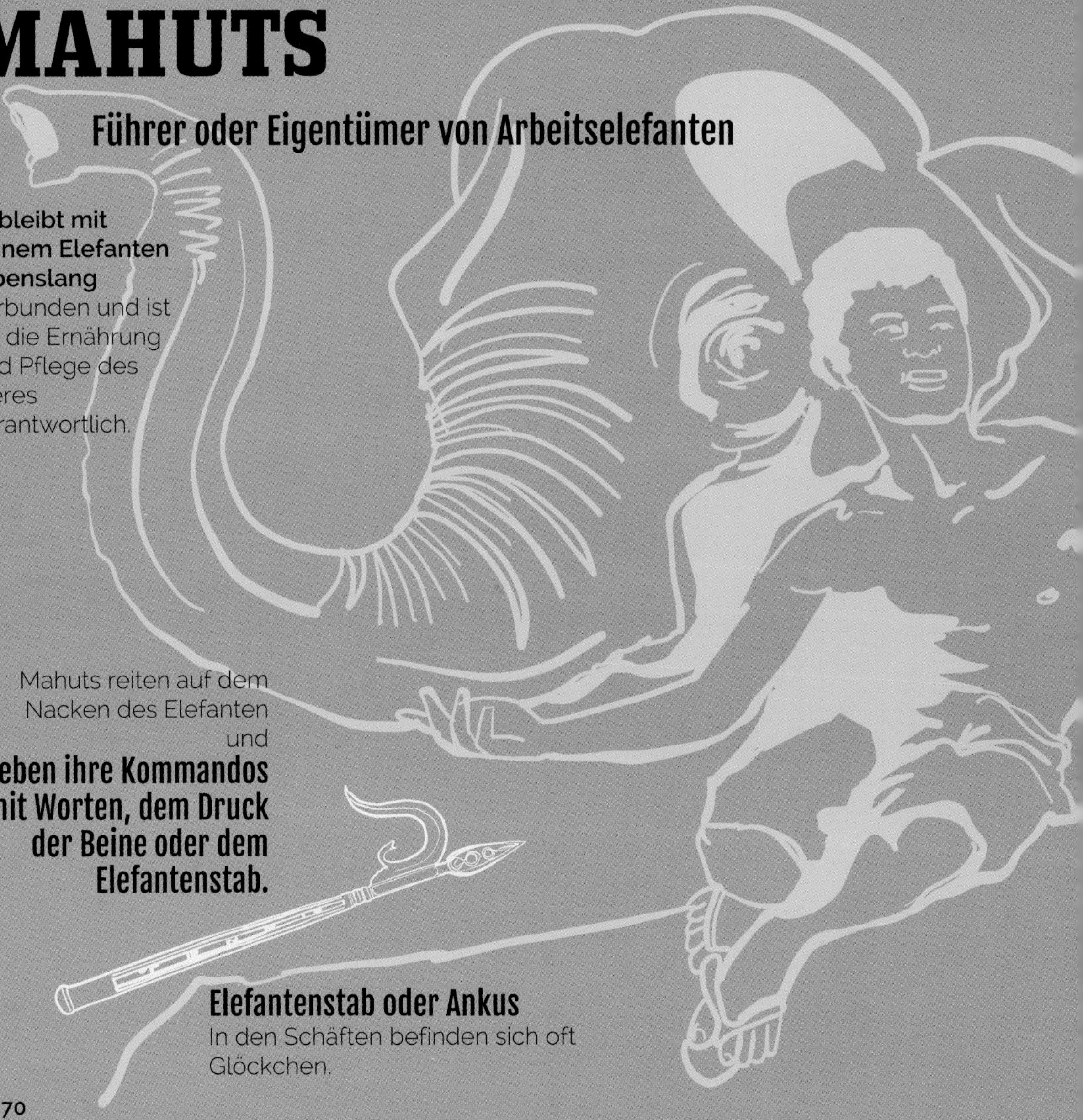

**Er bleibt mit seinem Elefanten lebenslang** verbunden und ist für die Ernährung und Pflege des Tieres verantwortlich.

Mahuts reiten auf dem Nacken des Elefanten und **geben ihre Kommandos mit Worten, dem Druck der Beine oder dem Elefantenstab.**

**Elefantenstab oder Ankus**
In den Schäften befinden sich oft Glöckchen.

**Durch das Verbot des Schlagens von Edelhölzern sind viele Mahuts arbeitslos geworden und arbeiten nun im Tourismus.**

## Elefantenshows

Mahuts arbeiten mit ihren Elefanten, die als Artisten oder Sportler auftreten, in den Shows. **Die Elefanten spielen Fußball oder balancieren auf Baumstämmen.**

**Manche Elefanten malen auch mit dem Rüssel.**

Die Bilder werden von den Mahuts an Touristen verkauft.

Höhepunkte dieser Show: Freiwillige legen sich auf den Boden, der Elefant hebt sein Bein über den Kopf, **küsst mit seinem Rüssel und macht sich an der Hose zu schaffen.**

**Die Suay aus dem Dorf Ban Ta Klang gelten als die besten und feinfühligsten Mahuts, da sie besonders eng mit den Elefanten zusammenleben.**

# WEISSE ELEFANTEN/ CHANG PHUEAK

Wie alle anderen Elefanten gelten sie als heilige Tiere.

**Weiße Elefanten genießen besondere Verehrung und sind ein Symbol für die königliche Macht.**

Die alte Flagge Thailands (1855–1916) schmückte ein weißer Elefant.

## Kennzeichen

Die allgemeine Farbe ist ein **helleres Grau, nicht Weiß.**
Die Schwanzhaare müssen besonders lang sein.
**Weiße oder rosa Färbung des Auges.**
Weiße oder **rosa Zehennägel.**
20 statt 16 Zehennägel.
Weiße oder rosa Genitalien.

Je mehr solcher Tiere während der Regierungszeit eines Königs gefunden werden, als umso glücklicher gilt die Regierungszeit.

**Der König wurde der Herr der weißen Elefanten genannt.**

**Minderwertige Exemplare wurden Freunden des Königs anvertraut** – was nicht selten zu deren Ruin führte, da die Pflege der Elefanten sehr kostspielig war.

**Weiße Elefanten dürfen nicht zur Arbeit verwendet werden.**

# ELEFANTENFEST

**Es findet jährlich am dritten Novemberwochenende in der Provinz Surin statt.**

**Mehr als 250 Tiere**
und ihre Mahuts
zeigen ihr Können.

Der Höhepunkt ist
**der Schaukampf,**
bei dem Elefanten und Mahuts
**in historischen Kostümen** einen
Kampf nachstellen.

Der Schaukampf wird von zahlreichen Statisten,
**ebenfalls in historischen Kostümen, begleitet.**

# RELIGION

**Ca. 94 Prozent**
der Bevölkerung sind
**Theravada-Buddhisten.**

Der König muss immer ein Buddhist sein,
**aber der Buddhismus ist**
nicht Staatsreligion.

**Der Theravada-Buddhismus ist die älteste Schultradition des Buddhismus.**
Er fußt auf den Lehren der ersten Anhänger Buddhas.

Er wird seit dem
**5. Jahrhundert**
in Thailand gelehrt.

**Das höchste Ziel des Theravada**
ist die Befreiung von selbst auferlegtem Leid (*dukkha*) und
**das Erlangen des Nibbana (Nirwana).**

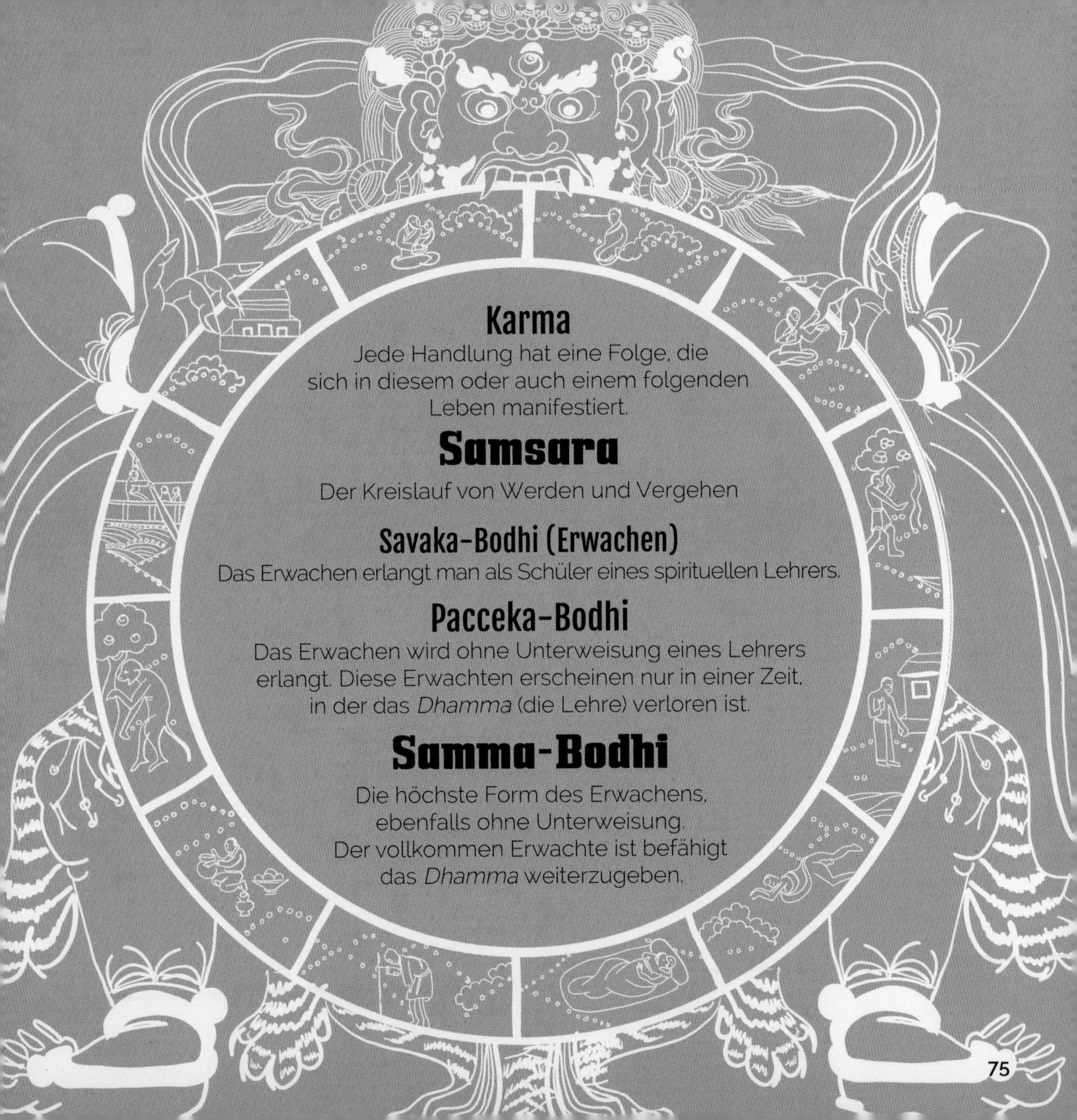

## Karma

Jede Handlung hat eine Folge, die sich in diesem oder auch einem folgenden Leben manifestiert.

## Samsara

Der Kreislauf von Werden und Vergehen

## Savaka-Bodhi (Erwachen)

Das Erwachen erlangt man als Schüler eines spirituellen Lehrers.

## Pacceka-Bodhi

Das Erwachen wird ohne Unterweisung eines Lehrers erlangt. Diese Erwachten erscheinen nur in einer Zeit, in der das *Dhamma* (die Lehre) verloren ist.

## Samma-Bodhi

Die höchste Form des Erwachens, ebenfalls ohne Unterweisung. Der vollkommen Erwachte ist befähigt das *Dhamma* weiterzugeben.

# BUDDHA-DARSTELLUNGEN

**Sitzend:**
heroische Pose, mit verschränkten Beinen

**Yogi-Pose:**
Der Fuß liegt auf dem Oberschenkel des anderen Beines, die Fußsohlen zeigen nach oben.

**Die westliche Pose:**
wie auf einem Stuhl sitzend

**Stehend:**
Dem Gläubigen zugewandt, die Füße sind auf dem Boden.

## Naga: 7-köpfige Schlange

bewahrt den Kopf vor
Wind und Regen.

## Schreitend:

stellt die
Bewegung dar.

## Liegend:

meist auf der
rechten Seite

## Lange Ohrläppchen:

erinnern an den Schmuck
des ersten Buddhas.

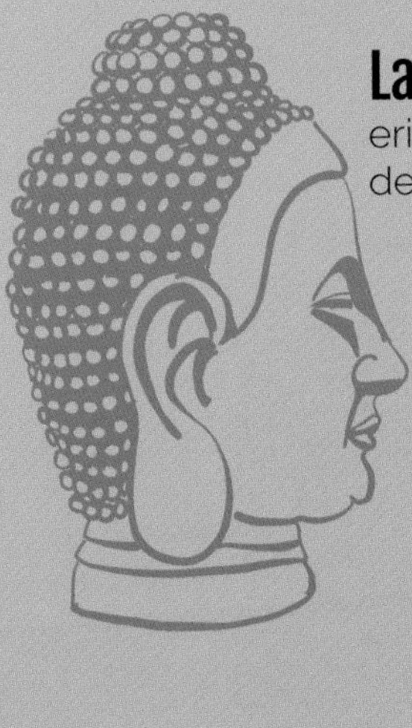

## Almosenschale

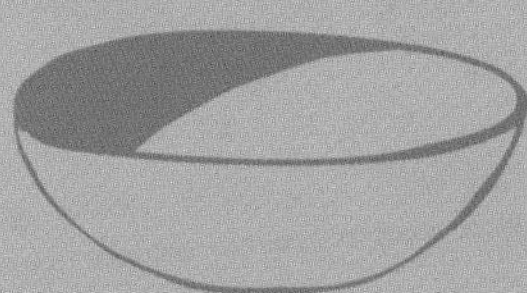

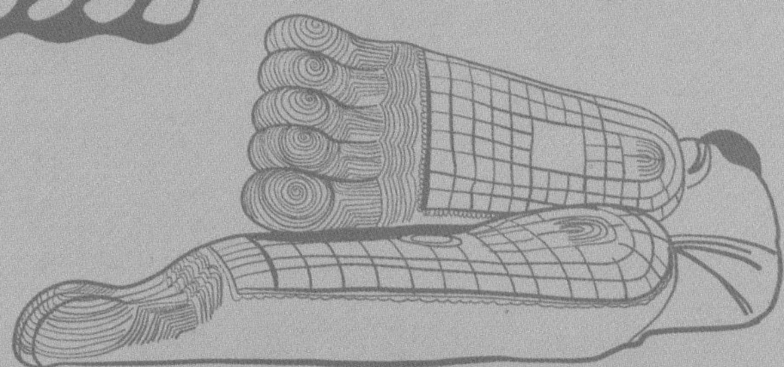

## Der Fußabdruck Buddhas:

Ursprünglich wurde Buddha nie als Person
sondern als Symbol dargestellt.

**Auf dem Fußabdruck sind 32, 108 oder
132 glücksbringende Symbole zu sehen.**

# EIN BUDDHA FÜR JEDEN TAG DER WOCHE

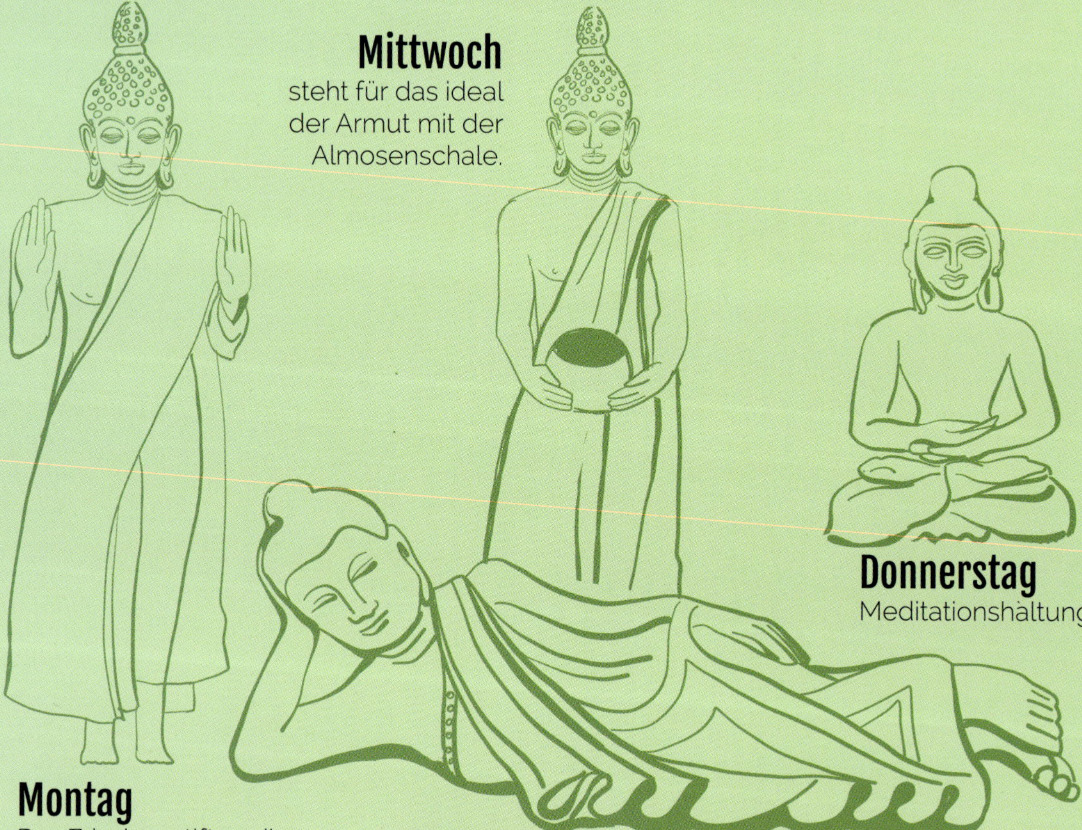

**Montag**
Der Friedensstifter, die offenen Handflächen stehen für die Furchtlosigkeit.

**Dienstag**
*Parinirwana*-Haltung: vor seinem Tod

**Mittwoch**
steht für das ideal der Armut mit der Almosenschale.

**Donnerstag**
Meditationshaltung

## Freitag

Die gekreuzten
Hände sind eine
Geste des
Selbstvertrauens.

## Samstag

Die tiefe
Meditation

## Sonntag

steht für den
erleuchteten Buddha.

# DIE HANDHALTUNG DER BUDDHA-STATUEN

**Mudras sind symbolische Handbewegungen.**

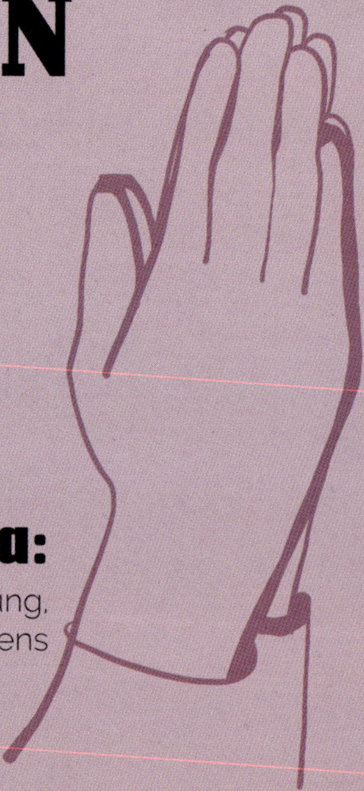

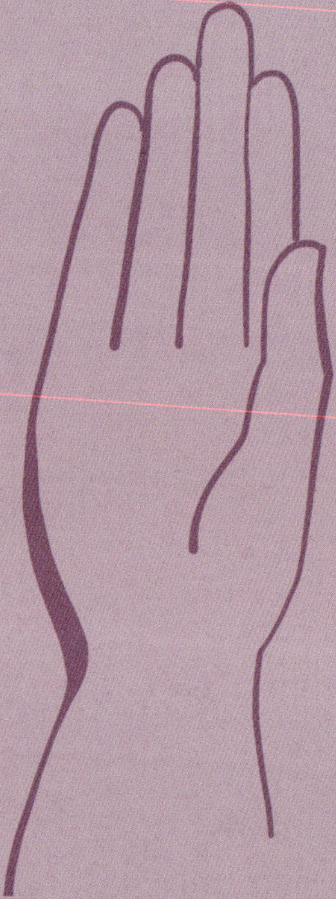

## Abhaya Mudra:

Ermutigungsgeste und Schutz

## Anjali Mudra:

Ehrerbietung,
Geste des Selbstvertrauens

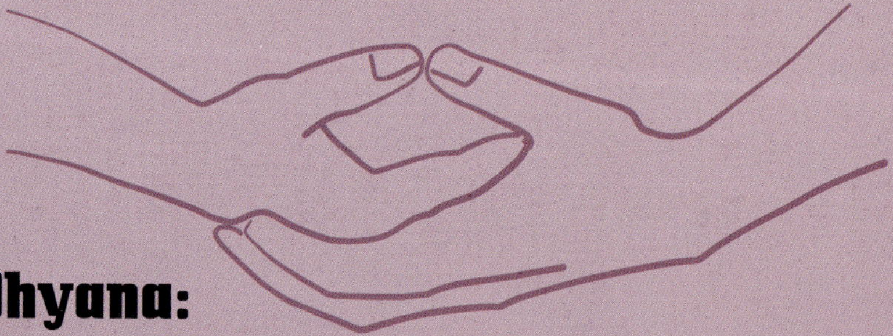

## Dhyana:

Meditation und Erleuchtung

## Bhumisparsa Mudra:

Geste der Erdberührung

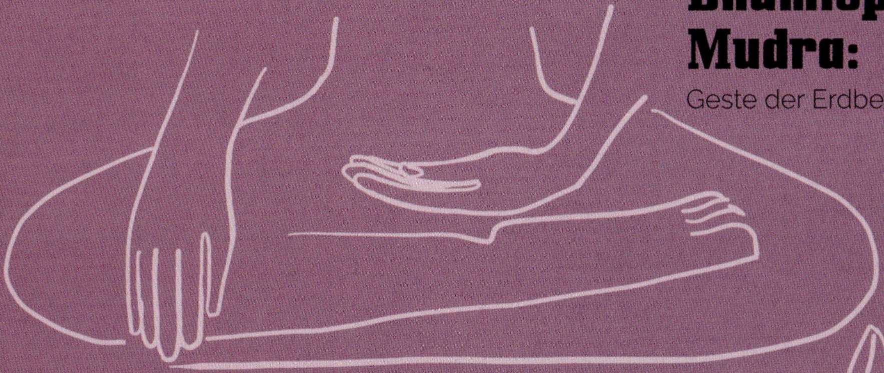

## Varada Mudra:

Gabe, Gastfreundschaft

## Vitarka Mudra:

Unterweisung,
*Bhumisparsa Mudra*: Geste der Erdberührung

# MÖNCHE/BIKKHUS

Eigentlich jemand, der Almosen erbettelt,
Name der buddhistischen Mönche

Es gibt
**ca. 200 000**
Mönche in Thailand

Sie ziehen sich zu einer
dreimonatigen Klausur
**während der Regenzeit**
zurück.

In dieser Zeit muss der Mönch die Sonne im von ihm gewählten Tempel erblicken.

Kahlgeschorener Schädel,
oranges Gewand

**Mönche wandern durch das Land.**

**Sie verpflichten sich nicht lebenslang,**
viele treten in ein Kloster ein, um die Lehren Buddhas zu studieren und leben eine Zeitlang als
**Bikkhu.**

Mönche essen nach Mittag nicht mehr.

## Mönche dürfen **8 Utensilien** besitzen:

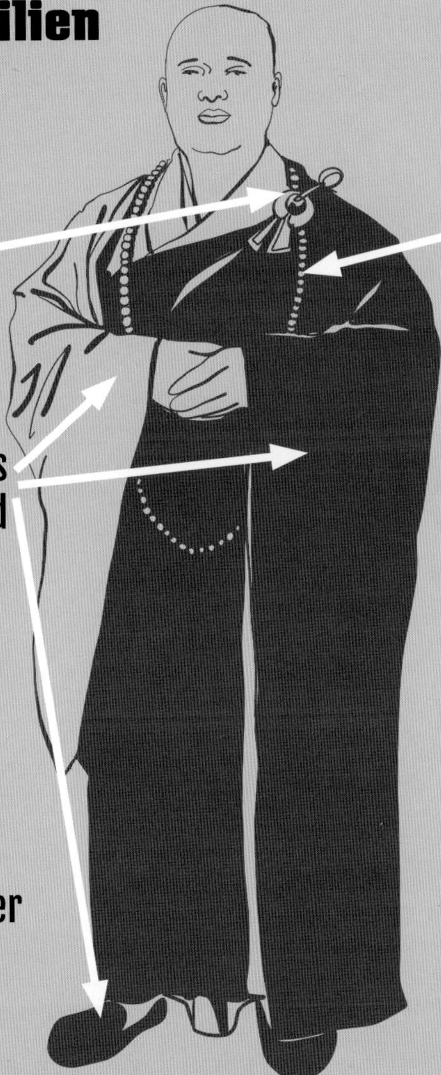


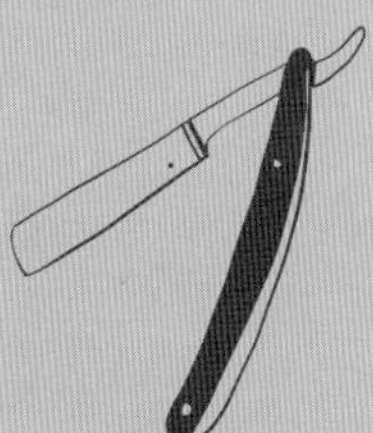


## Almosengang:

Mönche dürfen nicht auf sich aufmerksam machen.
Sie danken auch nicht für die Gaben.
**Das Spenden an den Mönch dient dem Karma des Gebenden.**

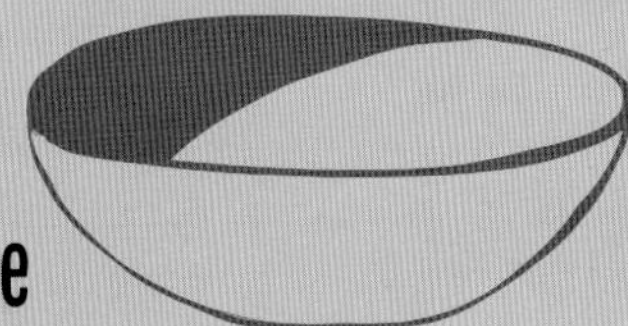


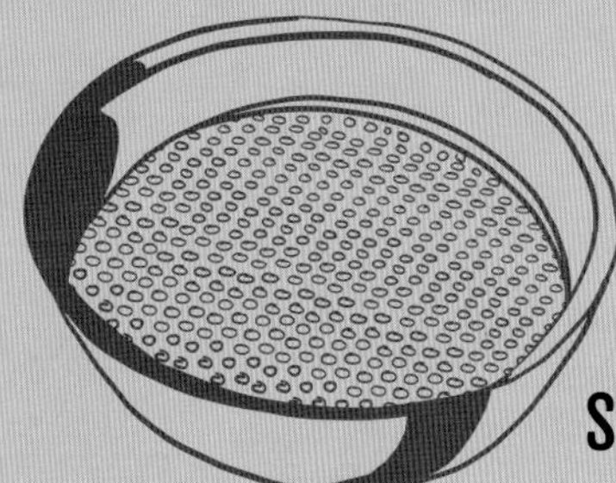


**Mönche nehmen nichts direkt aus der Hand einer Frau entgegen.**

# DIE ACHT FORMEN DER STUPAS

## Der Aufbau der Stupas bezieht sich auf Stationen aus dem Leben Buddhas.

**Lotus Baumblüte**
(Geburt)

**Erleuchtung erlangen**

**Viele Türen**
(die ersten Lehren)

**Große Wunder**
(Niederlage
der Nichtbuddhisten)

**Abstieg von der Götterwelt**
(Reinkarnation von
Buddhas Mutter)

**Versöhnung**

**Beendeter Sieg**
(Verlängerung des
Lebens Buddhas)

**Nirwana**
(Tod)

# VERHALTEN IM TEMPEL

**Im Vorhof sind Schuhe erlaubt.**

**Buddha-Statuen sind keine Hintergrundmotive** für Fotos, das ist ein Sakrileg.

**Fotografieren ist ohne Blitz erlaubt,** es sei denn, es ist ausdrücklich verboten.

**Frauen dürfen Mönche nicht berühren:** Gaben auf den Boden stellen oder einen Mann bitten, sie zu übergeben.

Beim Betreten des Tempels die **Schuhe ausziehen,** Socken sind erlaubt.

**Angemessene Kleidung tragen,** also keine Shorts, keine kurzen Röcke, keine bauchfreien Shirts.

**Buddhisten meditieren im Tempel, daher sollte man sich im Tempel ruhig verhalten.**

## Zum Beten auf den Boden setzen.

Beim Sitzen dürfen die **Fußsohlen nicht auf eine Buddha-Statue zeigen.**

## Wenn man mit einem Mönch geht, immer hinter ihm gehen.

# WAT-ANLAGE

## In Thailand gibt es mehr als 30 000 Wats.

**Ein Wat ist eine klosterähnliche Anlage,** sie dient religiösen Zwecken und ist ein Ort der Zuflucht. Wats dienen oft auch als **Schulen und Krankenhäuser.**

### Heiliger Bezirk:

Er ist Buddha geweiht.

### Der Bot (Gebetshalle),

der heiligste Bereich, ein rechteckiges Gebäude, mit Fenstern an den Längsseiten, der Eingang ist immer an der östlichen Stirnseite. Hier halten die Mönche ihre Zeremonien ab.

### Wohnanlagen der Mönche,

meist mit einer Edelsteinmauer vom heiligen Bezirk abgetrennt.

### Acht Sema (Grenzsteine)

begrenzen ihn, sie haben oft Spitzen, und zeigen in Reliefs Szenen aus dem Leben Buddhas.

**Im Kambarien** rezitieren die Mönche von

**12:00 bis 13:00 Uhr ihre Sutren.**

### Der Viharn ist der Andachtsraum für Laien.

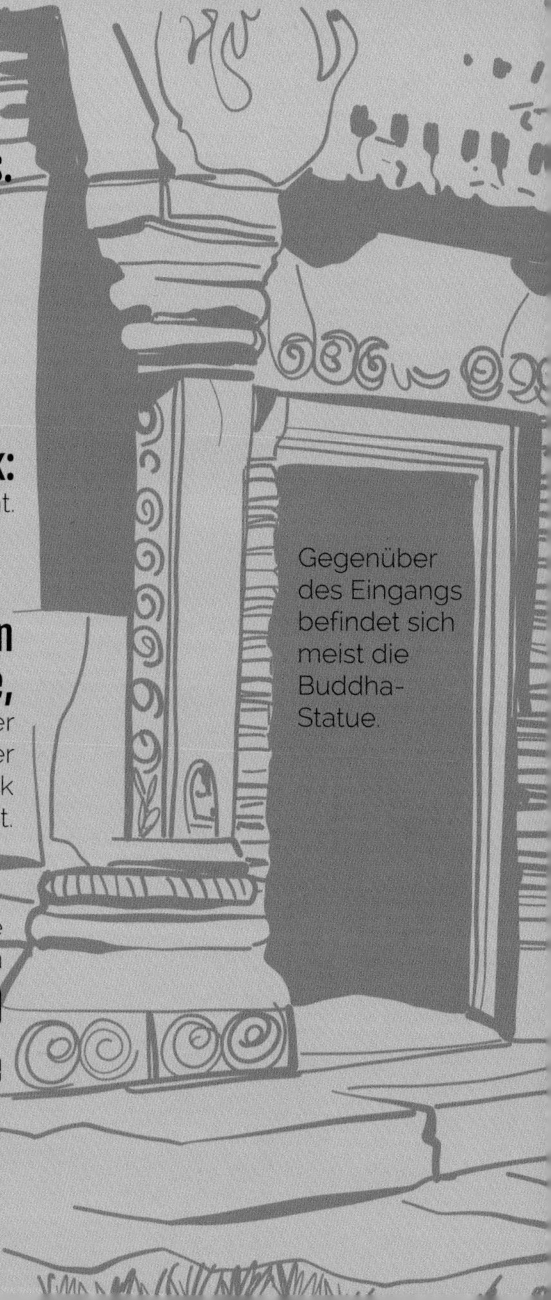

Gegenüber des Eingangs befindet sich meist die Buddha-Statue.

## Bodhi Bäume:

Sie werden mit gelben Stoffstreifen dekoriert und genießen besondere Verehrung. Unter einem Bodhi-Baum erlangte Buddha seine Erleuchtung.

## Chedis sind unzugängliche Sakralbauten,

sie beherbergen die Reliquien Buddhas oder die Grabstellen von Königen.

## Ho Trai:

Bibliothek zur Aufbewahrung der heiligen Schriften

**Betende umrunden Chedis und Prangs im Uhrzeigersinn** auf einer Terrasse, von einer steinernen Balustrade umgeben, um Buddha zu ehren.

## Hier sind Frauen nicht zugelassen.

# WATS IN THAILAND

## Wat Phra Kaeo

in Bangkok, der Tempel des Smaragd-Buddhas Er war der Tempel des Königs im alten Königspalast.

Der vergoldete Sockel wurde bereits in der Regierungszeit von König Rama I. hergestellt. Der Smaragd-Buddha sitzt in einer Höhe von 11 m.

**Der Chedi soll ein Stück von Buddhas Brustbein enthalten.**

## Wat Phra That Doi Suthep

**in Chiang Mai, er gilt als Wahrzeichen von Chiang Mai.**

Der Legende nach brachte der Mönch Sumana eine Reliquie nach Wat Suan Dok, die Reliquie teilte sich und ein Stück wurde auf den Rücken eines weißen Elefanten gebunden, den man freiließ. Er lief nach Doi Suthep, trompetete drei Mal, ging in die Knie und starb. An diesem Ort wurde der Tempel errichtet. Die Statue des weißen Elefanten steht im Vorhof.

## Wat Suan Dok

**In Chiang Mai, eigentlich Blumengartenkloster.**

Es wurde im 14. Jahrhundert von König Kue Na für den Mönch Sumana gebaut. Hier befand sich auch der Blumengarten des Königs, der dem *Wat* seinen Namen gab.

## Wat Arun

**in Bangkok, eigentlich Tempel der Morgenröte**

Der Tempel wurde in der Ayutthaya-Periode errichtet, er ist das Wahrzeichen Bangkoks.
Die Legende sagt, dass General Taksin nach der Vernichtung von Ayutthaya, der alten Hauptstadt von Siam, mit den Überlebenden so lange marschierte, bis die Sonne aufging. An diesem Platz wurde der *Wat* errichtet.

Sein *Prang* ist mit tausenden von Porzellanstücken, die die Bevölkerung gestiftet hat, dekoriert.

# WATS IN THAILAND

## Wat Phra Sia Sanphet

In Ayutthaya, der ehemaligen Hauptstadt von Siam, er war der königliche Tempel im alten Königspalast. Im 15. Jahrhundert wurde eine 16 m hohe Buddha-Statue angefertigt, sie wurde später nach Bangkok gebracht.

## Wat Buppharam

In Chiang Mai, sein Name bedeutet Östlicher Tempel. Er wurde im burmesischen Stil errichtet. Im 16. Jahrhundert wurden hier viele burmesische Mönche angesiedelt.

## Wat Pha Luang Ta Bua

In der Nähe von Kanchanaburi, er ist Tempel und Tierheim und liegt im Dschungel. Hier werden Tiger gehalten. König Bhumibol stiftete zu seinem 50-jährigen Thronjubiläum eine Buddha-Statue aus 80 kg Gold.

## Wat Rong Khun

in Chiang Rai gelegen. Stein und Glas sind ganz in Weiß – hier steht das Weiß für die Reinheit. Andere Farben wie Gold oder Rot stehen für alles Unreine (die Toiletten sind in Gold gehalten). Der Entwurf stammt vom thailändischen Architekten Chalermchai Kositpipat. Er ist noch nicht fertiggestellt, in den Wandbildern sind aktuelle Einflüsse zu sehen:
11. September 2001,
*Star Wars*.

# WATS IN THAILAND

## Wat Suwan Dararam

Ebenfalls im Geschichtspark von Ayutthaya, im Bot befindet sich eine Wandmalerei, die den Sieg des König Naresuan des Großen über die Birmesen zeigt.

## Wat Chai Watthanaram

Im Geschichtspark in Ayutthaya, er gehört zum UNESCO Welterbe. Der zentrale *Prang* ist 35 m hoch. Er symbolisiert den Berg Meru, im Buddhismus der Weltenberg im Zentrum des Universums.

## Wat Phra Mahathat-Sukhothai

im alten Sukhotai (der ehemaligen Hauptstadt Thailands im 13. Jahrhundert) gelegen. Die ursprüngliche Anlage war ca. 4 km² groß und beherbergte mehr als 200 *Chedis*. Er ist noch heute einer der beliebtesten Tempel in Südthailand.

# WATS IN THAILAND

## Wat Phan Tao

in Chiang Mai, einer der ältesten Tempel im alten Chiang Mai. Der Tempel ist ganz aus Teakholz gebaut und mit feinen Schnitzereien verziert.

## Wat Saket

in Bangkok, der Tempel des goldenen Berges. Er ist einer der ältesten Tempel aus der Zeit des Ayutthaya-Reiches (14.–18. Jahrhundert).

**Der goldene *Chedi* sitzt auf der Spitze eines ca. 100 m hohen künstlichen Berges.**

## Wat Tham Sua

in der Provinz Krabi, der Tigerhöhlentempel heißt so wegen seiner Tigerstatuen.
Hier befindet sich auch der Fußabdruck des Buddhas.

**Auf dem Gipfel des 600 m hohen Tempelberges sitzt ein goldener Buddha, er ist über 1237 Stufen zu erreichen.**
Hier leben Affen, sie bestehlen die Besucher des Tempels gern.

# TRADITIONELLES WOHNEN

## Stadt:

### Gleichartige Häuser

**Erdgeschoss:** Laden oder Werkstatt
**Erster Stock:** Angestellte oder Arbeiter
**Zweiter Stock:** die Familie
**darüber:** die Familienältesten

## Ländliche Gebiete:

### Pfahlhäuser

sind traditionelle Thailändische Wohngebäude.
Das Haus wird auf Pfählen errichtet,
**um vor Überschwemmungen geschützt zu sein.**

## Strohhütten:

### für Tagelöhner und Bauern

**Die Häuser werden ohne Nägel errichtet.**

## Zur Wasserversorgung

**dienen große Tongefäße, in denen das Regenwasser aufgefangen wird.**

# Das Dach ist meist mit Palmblättern gedeckt.

Oft gibt es nur einen einzigen großen Raum.

**Der Platz wird als Lager, Aufenthaltsraum oder Werkstatt genutzt.**

Er dient auch als Stall für die Haustiere wie Hühner und Schweine.

**Die Fenster sind offen, zum Schutz gibt es nur Holzläden, keine Scheiben.**

# HAUSGEISTER UND GEISTERGLAUBE IN THAILAND

**Der persönliche Schutzgeist (*khwan*) sitzt im Kopf.**

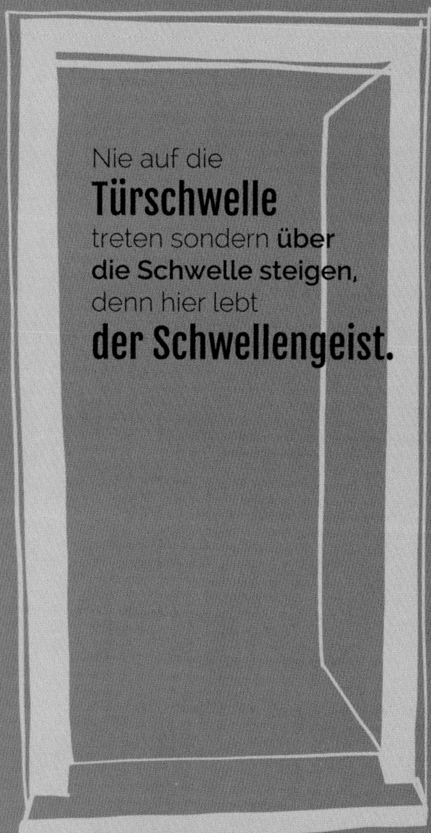

Nie auf die
**Türschwelle**
treten sondern **über die Schwelle steigen,** denn hier lebt
**der Schwellengeist.**

**Böse Geister**
werden nicht beim Namen genannt, das bringt Unglück. **Ein Geisterdoktor (Mo Phi) muss sie vertreiben.**

**Bougainvillea sind Totenpflanzen,**
sie wachsen nur bei Krematorien und dürfen nicht im eigenen Grundstück wachsen.

**Der Geist von bösen Besuchern**
wird durch **Verspritzen von Wasser gebannt.** Man verspritzt Wasser auf dem ganzen Weg, den der Besucher gegangen ist, bis zu der Stelle, an der er das Grundstück verlassen hat.

**Der Hausgeist (*phi ruan*) wird an einem Hausaltar verehrt.**

**Rote Hemden auf Wäscheleinen** halten ungebetenen Geisterbesuch ab.

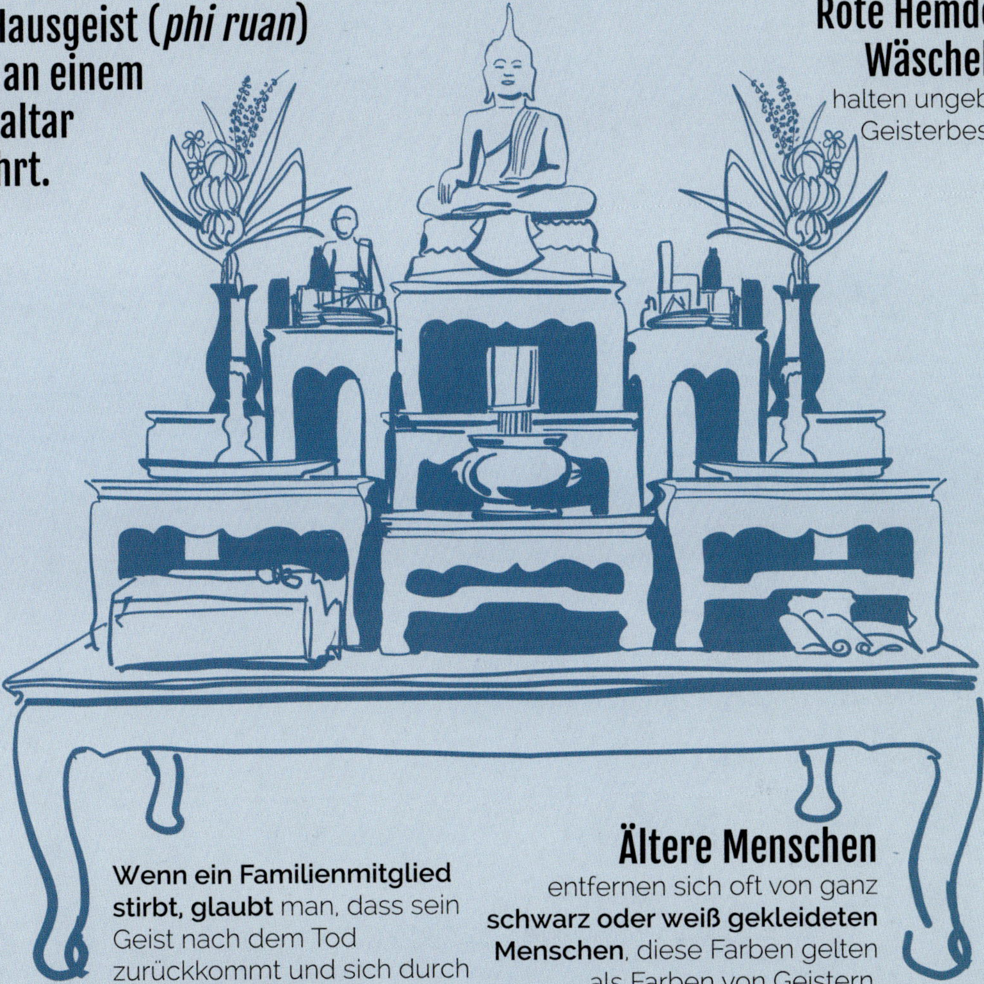

**Wenn ein Familienmitglied stirbt, glaubt** man, dass sein Geist nach dem Tod zurückkommt und sich durch Klopfen bemerkbar macht.

**Daher lässt man die Türe offen.**

Viele Thais ziehen für ein paar Tage weg.

**Ältere Menschen** entfernen sich oft von ganz **schwarz oder weiß gekleideten Menschen**, diese Farben gelten als Farben von Geistern.

Thailändische Schiffe tragen **Blumengirlanden, um die Wassergeister zu ehren.**

# GEISTERHÄUSCHEN

Vor dem Bau eines Hauses baut man ein Geisterhäuschen. Sie geben den Erdgeistern ein neues Zuhause.

**Dem Geist**
muss eine neue Unterkunft angeboten werden, **sonst erzürnt man** ihn
**und das bringt Unglück.**

**Ein Priester**
fordert den Geist auf, an einem **astrologisch günstigen Tag**
**das Haus zu beziehen.**

Das Geisterhäuschen darf nicht
**im Schatten eines Hauses stehen.**

Die Häuschen werden mit
**kleinen Figuren,**
**die Bedienstete und Tänzer darstellen, ausgestattet.**
Die Figuren stehen auch für verstorbene Familienmitglieder.
**Der Geist soll sich gut unterhalten.**

Dem Geist werden

**regelmäßig**

**Opfergaben**

im Häuschen dargeboten:
**Obst oder Reis, auch Limonaden oder Reisschnaps** werden in kleinen Schälchen aufgestellt.

**Das Häuschen wird mit Blumengirlanden geschmückt.**

Oft werden

**Räucherstäbchen**

entzündet und abgebrannt.

Geisterhäuschen werden auf einem

**Geisterhäuschen-Friedhof**

**entsorgt, wenn sie nicht mehr gebraucht werden oder durch neue ersetzt werden.**

# TANZ/FON THAI

Die Tänze beruhen auf Jahrhunderte alten Überlieferungen.

In den Tänzen im

**Norden Thailands**

stehen oft mystische Themen im Mittelpunkt.

Die Geister werden eingeladen, während des Tanzes in den Körper des Tänzers zu fahren.

**Die Tänzer stoßen spitze Schreie aus, wenn der Geist sie besetzt.**

Die Tänzerinnen und Tänzer tragen rituelle Kostüme, bestehend aus einem **Sarong, Kopf- und Armschmuck, Schmuckgürtel.**

In den Dörfern werden die Tänze auch unmittelbar von den Älteren übermittelt.

**Junge Mädchen** werden strengen Aufnahmeprüfungen unterzogen, **die Ausbildung** dauert mehrere Jahre.

# DIE VERSCHIEDENEN TANZARTEN

## Der Fingernageltanz

**kommt ursprünglich aus Nord-Thailand**
und wurde an hohen Festtagen aufgeführt. Heute ist er auch Bestandteil von touristischen Vorführungen.

**Die Tänzerinnen**
tragen auf den Fingerkuppen
**spitze Hütchen,**
aus vergoldeter Pappe oder Silber gefertigt.

**Die Handbewegungen**
haben alle eine bestimmte Bedeutung.

## Bambusstangentanz

**Acht männliche Tänzer** schlagen lange Bambusstangen im Takt aneinander,
**die tanzenden Paare bewegen sich zwischen den Stangen.**

## Schleiertanz

***Fon Ngiew***

Die Tänzerinnen bewegen Schleier im Tanz.

## Schmetterlingstanz

***Fon Morn Gumm Ber***

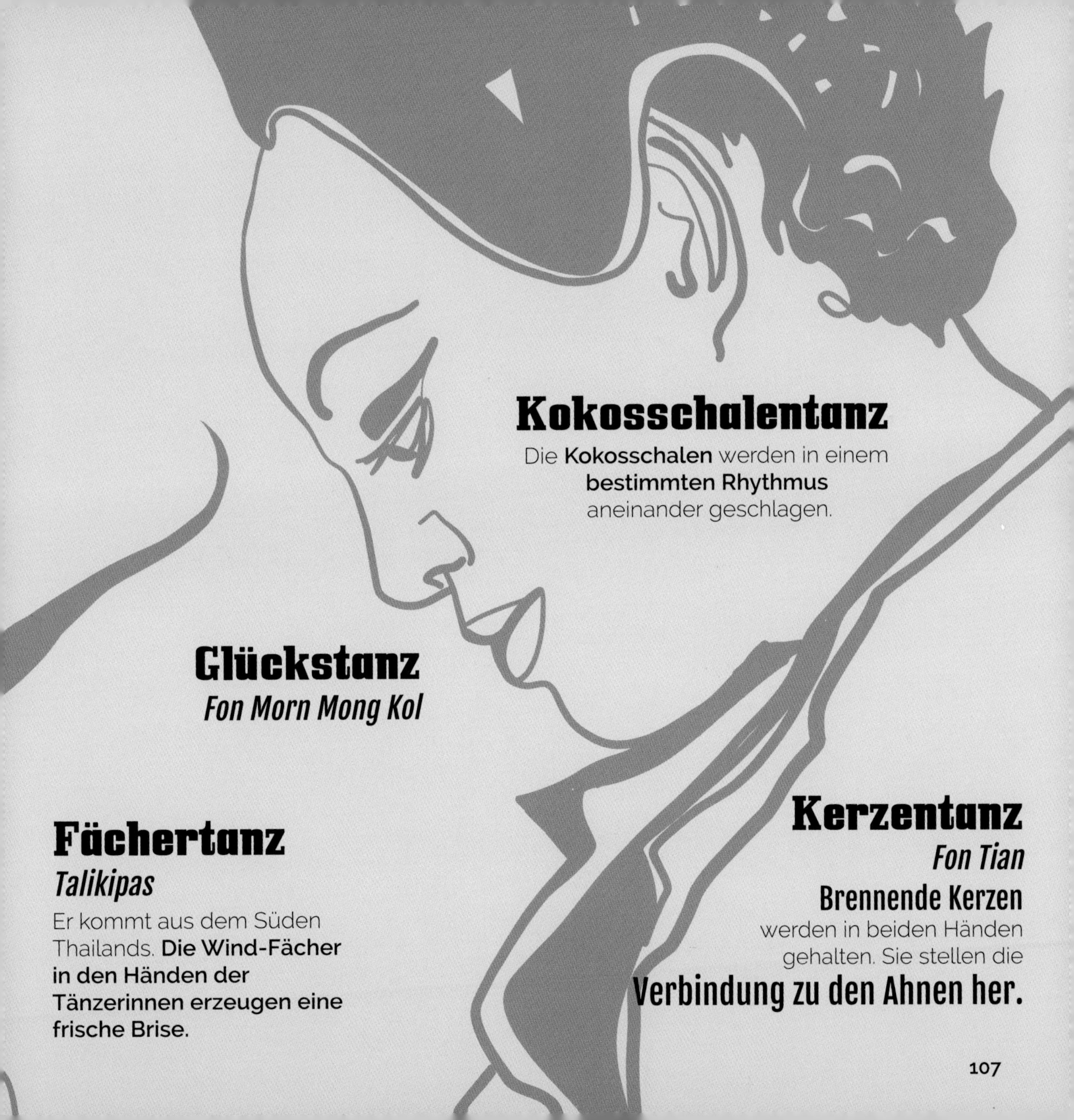

## Kokosschalentanz

Die **Kokosschalen** werden in einem **bestimmten Rhythmus** aneinander geschlagen.

## Glückstanz

***Fon Morn Mong Kol***

## Fächertanz

***Talikipas***

Er kommt aus dem Süden Thailands. **Die Wind-Fächer in den Händen der Tänzerinnen erzeugen eine frische Brise.**

## Kerzentanz

***Fon Tian***

**Brennende Kerzen** werden in beiden Händen gehalten. Sie stellen die **Verbindung zu den Ahnen her.**

# ERZÄHLENDE TÄNZE KHON

## Die bekannteste und rituellste Form des thailändischen Tanzes, die Darsteller tragen Masken.

Es treten immer vier Gruppen auf:

**Männer, Frauen, Affen, Dämonen.**

### Kinnaree

Ein ausgearbeitetes Tanzdrama, das von der Liebe eines Vogelwesens, Kinnaree, und dem Prinzen Suthon erzählt. Sie wird die Frau des Prinzen. In seiner Abwesenheit wird sie von missgünstigen Höflingen beschuldigt, Unheil über das Land und die Königsfamilie zu bringen. Vor ihrem Tod durch das Feuer bittet sie um einen letzten Tanz und fliegt in die Berge, ihre Heimat, zurück. Der Prinz bricht sofort auf, um sie zu suchen, er findet sie wieder und sie leben glücklich bis an ihr Ende.

### Manorah

Entstand aus den Lakhon Chakri. Die Tänzer tragen auch improvisierte Texte vor.

## Sukhothai

Er wird zu besonderen Anlässen aufgeführt. Sukhothai ist der Name der ehemaligen Hauptstadt Thailands im 14. und 15. Jahrhundert. Der Tanz zeigte eine Choreographie, die Friedlichkeit und Anmut ausstrahlt.

## Zauberhahntanz

Er ist einer der ältesten Tänze und erzählt die Geschichte zweier rivalisierender Städte im Norden Thailands. Hier geht es um Liebe, Tod, Trauer.

## Rham Phu Thai

Dieser Tanz ist dem Schutzgott der Bergvölker Nordostthailands, Phuu Thai, gewidmet. Das Kostüm ist in den Farben des Stammes schwarz-rot gehalten, und eine rote Baumwollblüte wird auf den langen Fingernägeln getragen.

# THEATER

Das Thai-Theater vereinigt Elemente aus Tanz, Pantomime, Musik und Gesang.

## Ein Erzähler rezitiert,

Musik untermalt seinen Text, auf der Bühne stellen Pantomimen und Tänzer die Geschichte dar.

### Lakhon Nai

**Innentheater**, wurde ursprünglich **nur von Palastdamen der königlichen Paläste aufgeführt**, heute im Nationaltheater zu sehen. Die Darsteller müssen eine schwierige, **jahrelange Ausbildung** absolvieren.

**Auch die männlichen Rollen werden von Tänzerinnen dargestellt.**

**Die Dämonen und Affen werden von Männern gespielt.**

### Nang Yai

**Schattentheater:**

**Große Figuren auf Büffelhaut** wurden vor dem Feuer einer Einäscherung auf hohe Bambuspfähle gestellt und erzählten **meist Szenen aus dem** *Ramakien*.

**Heute tanzen die Darsteller auch oft mit den Hauptfiguren hinter einer durchsichtigen Stofffläche vor Feuer.**

# Nang talung oder Nan,

## das südthailändische Schattenpuppentheater

wird noch heute gespielt. Die Figuren sind meist nur schwarz weiß, zwischen **20 und 50 cm hoch.**

# Puppenspiel

**Wird nur im Privatrahmen** betrieben und ist meist nur der Nachbarschaft **anlässlich eines Festes** zugänglich.

# Lakhon Nok

## Volkstheater,

behandelt volkstümliche Themen, die **Kostüme sind weniger aufwendig.**

# Likay

**Eine Theaterform, ähnlich der westlichen Operette,** mit akrobatischen Einlagen, besonders prächtige **Kostüme, mit Strass verziert.**

# LAKHON/TANZDRAMEN

**Theater und Tanz sind in Thailand nicht klar zu trennen.**
Ursprünglich waren nur Männer Tänzer,
**erst unter König Mongkut (1861)**
wurde es per Erlass **auch Frauen gestattet,** zu tanzen.

Die Darstellung erfolgt durch
**eine Art Bewegungsalphabet –**
die Schritte oder Gesten haben eine bestimmte Bedeutung.

**Lakhon Chatri**
ist die älteste Form des Tanzdramas.
Chatri ist das Wort für Krieger.

Auch **Lakhon Nai und Lakhon Nok**
werden zu den Tanzdramen gezählt.

# ***Ramakien***

## Das thailändische Nationalepos,

**fußend auf dem indischen Epos *Ramayana*.**

Die bekannteste Fassung ist unter **Rama I**. entstanden, der selbst an den Texten mitarbeitete.

## Hauptfiguren:

**Phra Ram,**

der das Gute verkörpert.

**Nang Sida Nonglak,**

eine Frau, sie steht für Treue und Reinheit.

**Hanuman, der Affenkönig**

und Helfer Phra Rams, steht für Treue und Hilfsbereitschaft.

**Thotsokan, der zehnköpfige König**

der Dämonen, ist der Widersacher Phra Rams.

# PHI PHAT
# DAS TRADITIONELLE ORCHESTER

**Die Orchester bestehen aus mindestens 5 Musikern.**
Sie begleiten Zeremonien am Hof oder in Tempeln, auch die *Likays*, Schattentheateraufführungen, oder Thai-Boxkämpfe.

## Rhythmusinstrumente

Der größte Anteil sind Perkussionsinstrumente.

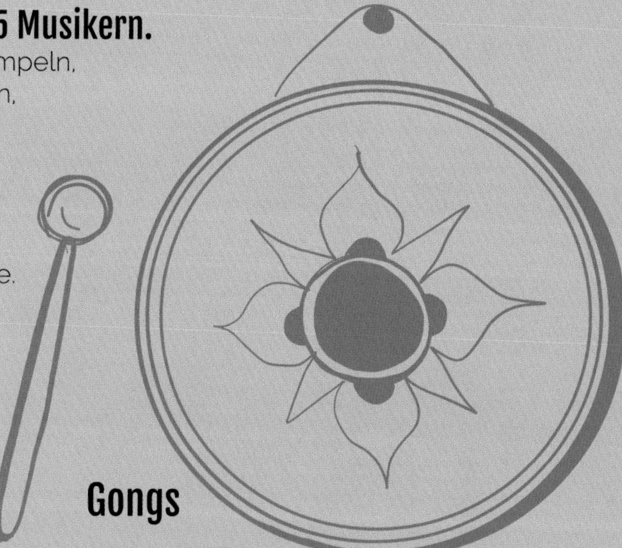

Gongs

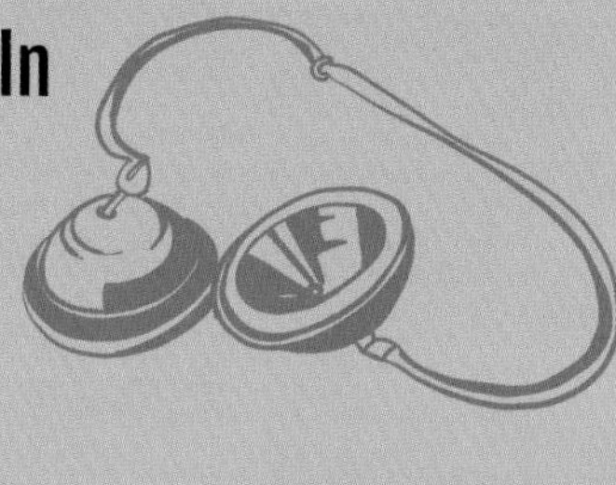

Zimbeln

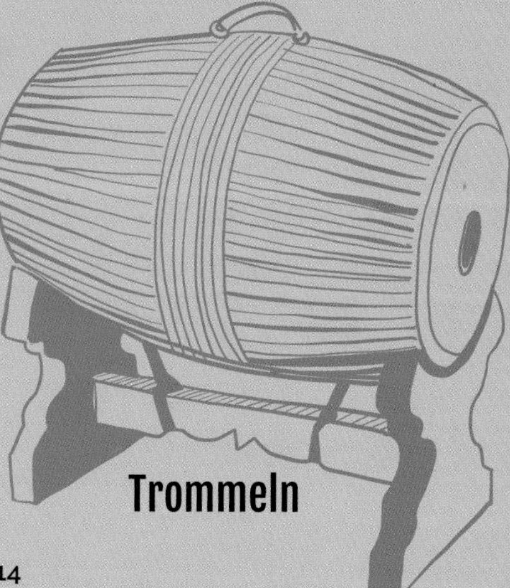

Trommeln

# Melodie-Instrumente

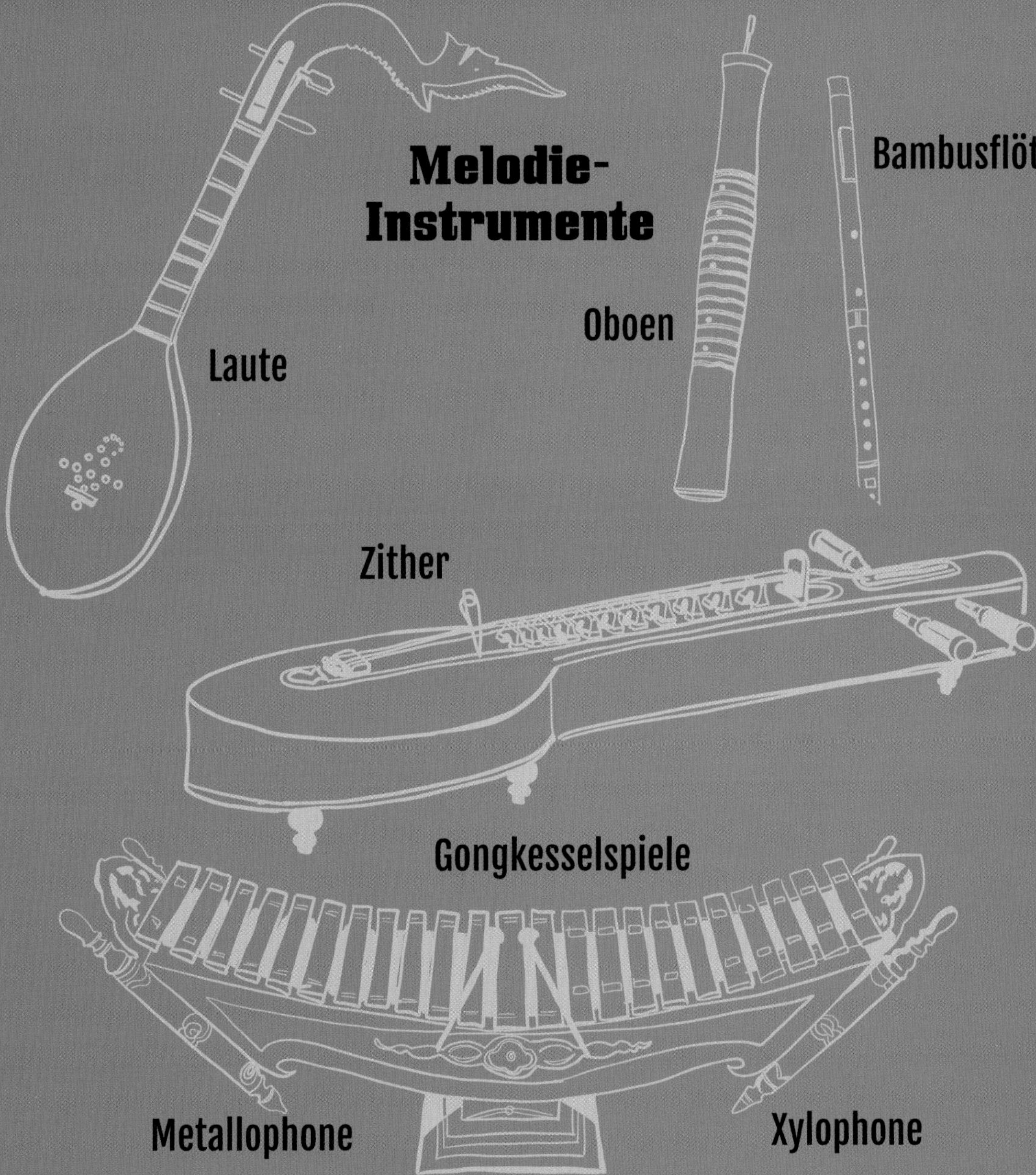

# MUSIK IN THAILAND

## Thais lieben Musik. Musik gehört zu jedem Fest, jeder Veranstaltung – sie wird oft sehr laut gespielt. Gern wird mitgesungen.

### Mor Lam:

Eine traditionell laotische Musikform, sehr populär in Thailand.

### Sa tring:

Eine moderne Rockmusik, oft auch mit landestypischen Instrumenten gespielt.

### Dan:

*Dance and Pop Music*, eher westlich orientierte Musik, mit guter Bühnenshow.

## Puea Schivit:

Lieder des Lebens. Sie ähneln den Protestsongs der westlichen Welt.

## Karaokebars:

in vielen Einkaufszentren. Man sitzt in Kabinen, zu zweit oder dritt, und singt mit Mikrophon. Auch bei vielen Feiern oder Firmenausflügen sind Karaoke-Auftritte fixer Bestandteil. Es geht hier um *sanuk* – also Spaß, die Qualität der Sänger ist nicht so wichtig.

## Lugtung:

Volksmusik, sehr unterschiedlich in den diversen Regionen Thailands. Viele alte Lieder wurden neu arrangiert.

# TRADITIONELLE KLEIDUNG

## Phaom

**Schmales Tuch, das über den Oberkörper geschlungen wird.**

## Frauen:

**langer, enger Rock**

Der Hauptteil heißt *pha sin* (Sünde), der mittlere Abschnitt *tua sin* und der untere Teil *zin sin.*

## Panung

**Ergänzt den *pahom*.**

**Ca. 2 m langes Tuch,** das von der **Taille bis zu den Knien um den Körper geschlungen** und **zwischen den Beinen durchgezogen wird.** Den *panung* tragen auch Männer.

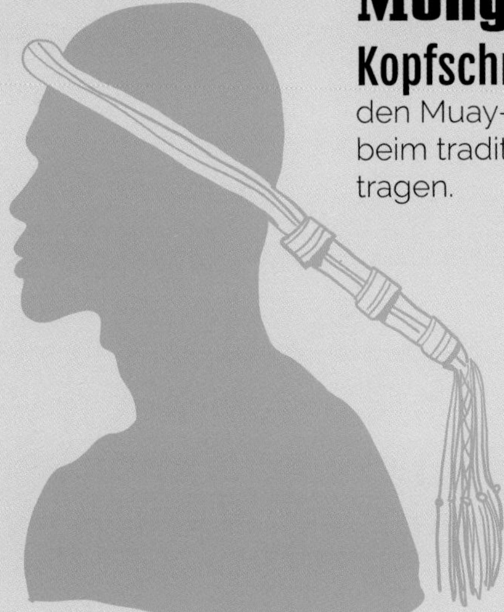

## Mongkon

**Kopfschmuck,**
den Muay-Thai-Athleten beim traditionellen Tanz tragen.

## Sarong

**Ein Wickelrock, der von Männern getragen wird.**
Der Sarong wird meist durch einen Knoten vor dem Bauch gehalten.

## Ngop

**Traditioneller Hut der Bauern aus Stroh**

## Khit

**Auf traditionellen Webstühlen**
werden farbige Stoffe handgewebt.
**Mehr als 70 Muster werden im Kontrast**
zueinander eingewebt.
Die Stoffart wurde vor **allem für Bettwäsche benutzt.**
Königin Sirikit bewahrte diese Tradition vor dem Vergessen.

# SCHULUNIFORMEN

## In Thailand gibt es 9 Pflichtschuljahre, die Verfassung garantiert 12 Jahre Lernen.

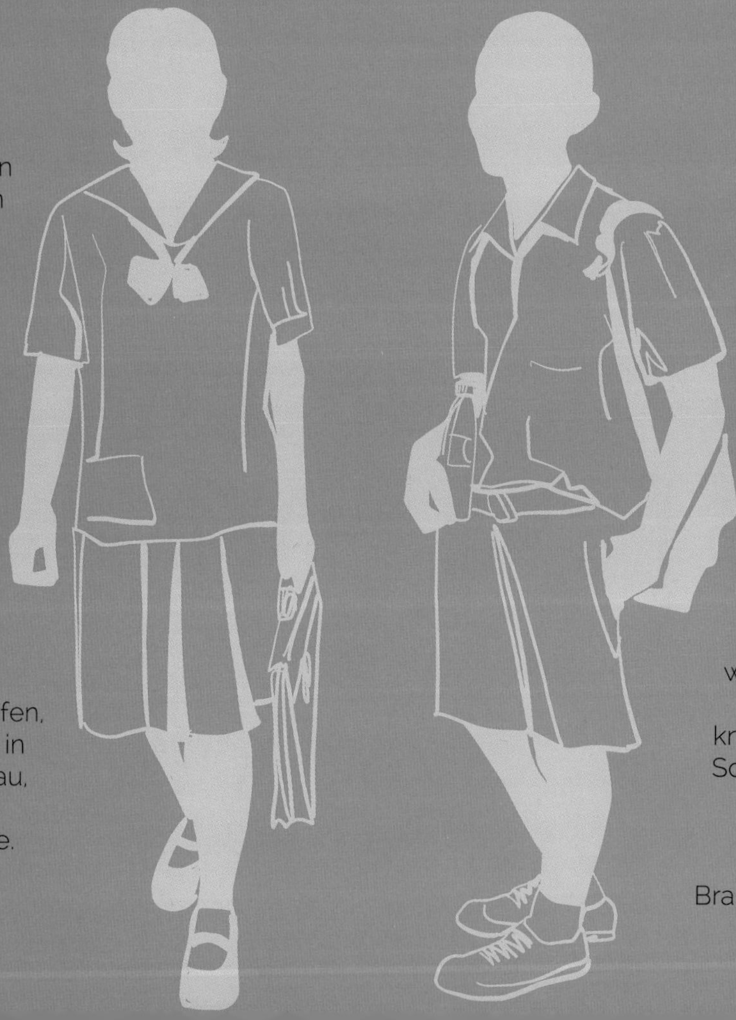

### Kinder-garten:

weiße Hemdchen
mit roten Röcken
oder Hosen

### Schule:

### Mädchen:

weiße Blusen,
hängende Schleifen,
knielange Röcke in
Schwarz oder Blau,
weiße Socken
schwarze Schuhe.

### Schule:

### Jungen:

weiße, kurzarmige
Hemden,
knielange Hosen in
Schwarz, Blau oder
Dunkelbraun,
Kniestrümpfe,
Turnschule in
Braun oder Schwarz.

# Universitäten:

## Männer:

lange Hosen,
weiße Hemden,
schwarze Krawatten.

# Universitäten

## Frauen:

weiße Blusen,
schwarze Röcke.

# PFADFINDER

## Donnerstag ist Pfadfindertag in den Schulen.

Die Kinder tragen beige Pfadfinderuniformen oder grüne Uniformen mit gelben Tüchern.

Mehr als eine **Million Kinder** werden von der National Scout Organization of Thailand betreut.

**Der erste thailändische Pfadfinder-Verband** wurde **1911** von König Rama VI. gegründet. Der König ist der oberste Pfadfinder.

**Der 1. Juni ist der Nationale Pfadfindertag.**

## Es gibt unterschiedliche Altersstufen:

*Cub Scouts* (8–11 Jahre)
*Scouts* (11–14 Jahre)
*Senior Scouts* (14–18 Jahre)
*Rover* (16–25 Jahre)

## Dorfpfadfinder: *Luk Suea Chao Ban*

Eine politisch rechte Bewegung, paramilitärisch organisiert. Sie bekämpfte unter der Militärdiktatur in Thailand die Demokratiebewegung.

# DIE THAILÄNDISCHE KÜCHE

**Grundnahrungsmittel ist Reis.**

Vielfach werden auch Nudeln verwendet:
***Kuai Tiao:*** **Reisnudeln**
***Bami:*** **Weizennudeln**
***Wun Sen:*** **Glasnudeln aus Mungo-Bohnen**

**Wochentags werden meist Fisch, Reis und Gemüse gegessen**, Rindfleisch und Schweinefleisch gibt es an Festtagen.

**Zum Frühstück gibt es warme Reis- oder Gemüsesuppe.**

Chinesischer Ingwer

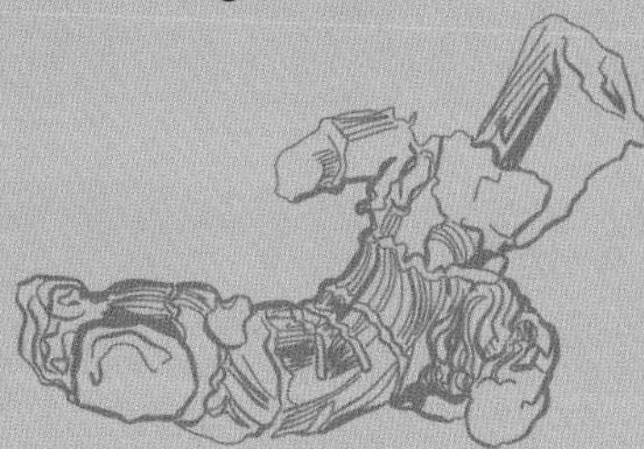

Galgant oder Galangawurzel

Ursprünglich war die Küche durch **alles, was aus dem Wasser kam geprägt:** Fisch, Meeresfrüchte, Wasserpflanzen.
Die thailändische Küche verwendet frische Zutaten, viele Gewürze und Kräuter.

Knoblauch

Basilikum

## Die Saucen sind süßlich, süß-sauer oder scharf.

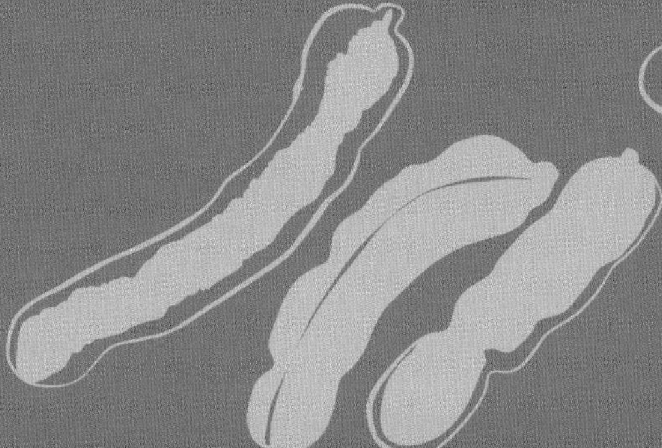

Tamarinde (leicht säuerliche Würze)

Im Wok wird gekocht oder gedämpft.

Zitronengras

**Salz wird durch Fischsoße, *Nam Pla*** (hergestellt aus Sardellen, Wasser und Salz), ersetzt.

## Gemeinschaftsgerichte:

Die Hauptgerichte werden in **Schalen in die Mitte gestellt,** auf dem eigenen Teller ist nur Reis. Alle bedienen sich von allen Gerichten.

Chillischoten

Koriander (hier werden sowohl Wurzeln als auch Blätter und Samen verwendet)

## Ein-Teller-Gerichte:

Hier wird die ganze Mahlzeit auf einem Teller serviert und alleine gegessen.

# WELTBEKANNTE GERICHTE

## Kaeng – Thai-Currys

Sie sind eigentlich keine Currys, sondern haben als Basis eine bestimmte Gewürzpaste. Darunter verbergen sich Suppen oder flüssige Eintöpfe.

**Grüner Thai-Curry:** *Kaeng Khiao Wan*
**Roter Thai-Curry:** *Kaeng Phet*
**Muslim-Curry:** *Kaeng Masaman*
**Erdnuss-Curry**: *Kaeng Phanaeng*

## Tom Yam:

Sauerscharfe Suppe mit verschiedenen Einlagen.

**Ein thailändisches Menü besteht normalerweise aus einer Suppe, Reis mit einem Curry-Gericht oder einem scharf-gewürzten Salat und einer Sauce mit Fisch und Gemüse.**

## Som Tam

besteht aus kleingeschnittenem, unreifem Obst, mit diversen anderen Zutaten, er wird meist sehr scharf gegessen.

## Tom Yam Kung:

Sie gilt mit Garnelen als Nationalgericht Thailands.

# DIE RICHTIGE REISZUBEREITUNG

**Thailändische Haushalte verfügen über Reiskocher.**

## Reis im Reiskocher

Der Reis wird **dreimal mit kaltem Wasser gewaschen,** bis das Wasser klar bleibt.

**2 Tassen Reis und**
**2 Tassen Wasser**
in den Reiskocher füllen, warten, bis der Reiskocher fertig ist,

und vor dem Öffnen noch **5 Minuten ausdampfen lassen.**

## Reis ohne Reiskocher

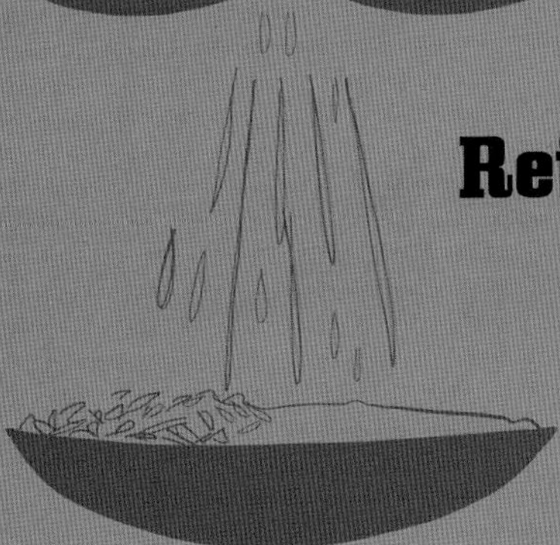

Der Reis wird **dreimal mit kaltem Wasser gewaschen,** bis das Wasser klar bleibt.

**Auf eine Tasse Reis 2 Tassen Wasser** verwenden und auf kleiner Hitze gar kochen lassen.

## Klebreis

Wird **nicht gekocht, sondern gedämpft,** kann auch für Süßspeisen verwendet werden.
**Der Reis muss ca. 3 Stunden in kaltem Wasser** quellen, dann wird er in einem Bambuskörbchen über kochendem Wasser **ca. 30 Minuten** gedämpft.

**Zum Essen formt man mit der rechten Hand kleine Bällchen.**

# KHONG WAN/ NACHTISCH IN THAILAND

Fast alle Desserts werden mit Kokosnuss, Milch, Palmzucker und Eiern hergestellt.

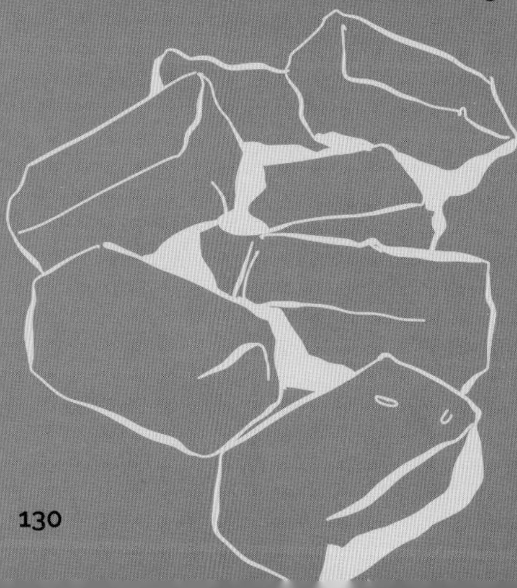

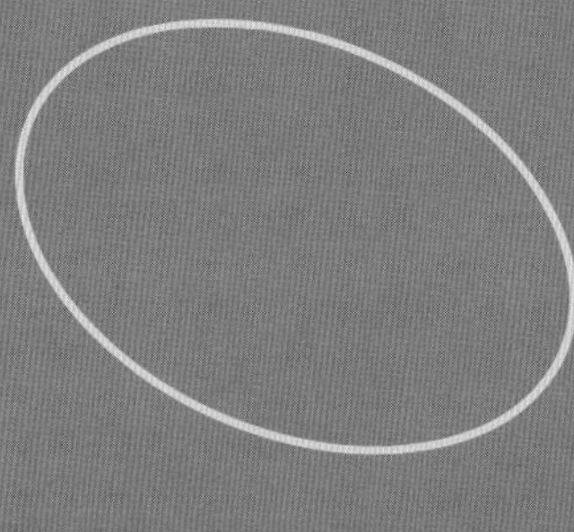

**Frittierte Bananen**

**Mango mit süßem Klebreis**

**Bunte, sehr süße Puddings**

**Obstplatten mit frischem Obst,**
auf Palmblättern angerichtet.

**Roti Pancakes: hauchdünne, knusprige Pfannkuchen vom Straßenwagen**

**Bua Loi**
Schwimmender Lotus, eine warme Kokossuppe mit **gefärbten Bällchen aus Klebreis.**

# KAE SA LUK OBSTSCHNITZEREIEN

Die Kunst des Obstschnitzens ist
**im 13. Jahrhundert entstanden.**
Sie gehört zu den ältesten Kunstformen Thailands.

**Die Legende erzählt,**
dass **ein König** während eines Festes
eine **schwimmende Lampe** sah,
die mit Schnitzereien aus Gemüse verziert war.
Er war so **beeindruckt**, dass er die
Obstschnitzerei zur
**thailändischen Kunst**
erklärte.
**Obstschnitzerei war ursprünglich der königlichen Familie vorbehalten, deren Tafel damit dekoriert wurde.**

**Rama I.** rief den ersten Schnitzwettbewerb im

**19. Jahrhundert**

ins Leben.

**Königin Sirikit** förderte das Obstschnitzen – es ist heute allgemein beliebt.

**Obst zu schnitzen war lange Zeit eine Domäne der Frauen, heute wird es auch von Männern betrieben.**

**Obstschnitzer brauchen mehrere Jahre, um Meister zu werden.**

**Man sagt, dass ein wirklicher Meister nur 3 Messer braucht.**

**Am besten geeignet sind Früchte mit einer festen Schale.**

Auch **weiche Früchte** können geschnitzt werden.

**Meist werden sie zu Blumen geschnitzt.**

**Sie verderben schneller als Früchte mit harten Schalen.**

# KLEINER SPRACH-FÜHRER

## Fleisch und Fisch:

Garnelen = prawn, shrimp
= **kung**

Fisch = fish
= **plah**

Hühnerfleisch = chicken
= **gai**

Rindfleisch = beef
= **nü-a**

Schweinefleisch = pork
= **muh**

# Curry

Curry = **gähng ki-au wahn**

## Grüner Curry,

mittelscharf, suppenartig, mit Auberginen, Basilikum, Zitronenblättern.

## Roter Curry,

scharf, mit Paprika, Zwiebeln, Basilikum, Frühlingszwiebeln, Chili.

**Deutsch** - **Thai**

Ich möchte ... = **au ...oder koh ...**

Nicht scharf = **mai Pet**

Nicht süß = **mai wahn**

Ohne = **mai sai**

Mit = **sai**

Knoblauch = **grati-jem**

Chili = **prik**

Pfeffer = **prik**

Thai Salz = **glü-a**

Zucker = **nahm tahn**

Bitte zahlen! = **tschek bin**

# Obst

Banane = **gluai**

Papaya = **malakoh**

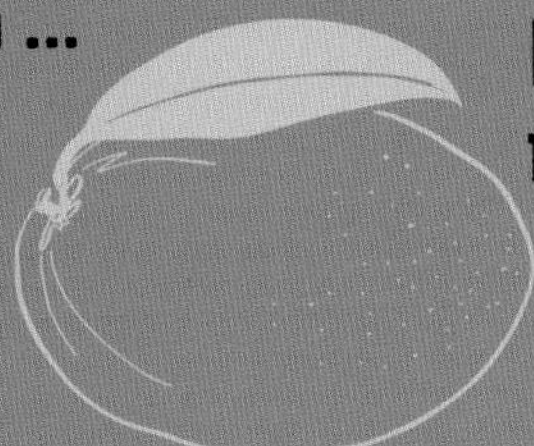

Mango = **ma-muang**

Ananas = **sa-pah-rott**

Wassermelone = **tähng moh**

Orange = **somm**

# TISCHSITTEN

**Es gibt keine festgelegten Essenszeiten. Garküchen** bieten den ganzen Tag über Häppchen an.

**In kleinen Dörfern wird noch mit der Hand gegessen.**

**Chinesischstämmige Thais verwenden auch Stäbchen.** Diese dürfen nie aufrecht in den Reis gesteckt werden (das erinnert an Räucherstäbchen für die Toten), **auch nicht über die Schale gelegt werden.** Sie werden neben der Schale abgelegt.

**In Thailand isst man mit Löffel und Gabel.** Der Einsatz von Messern gilt als aggressiv. **Das Essen wird mit der Gabel auf den Löffel geschoben.** Die Gabel sollte nicht zum Mund geführt werden.

**Die richtige Kleidung ist wichtig – im Restaurant sollte man korrekt angezogen sein.**

Essen ist ein geselliges Vergnügen für die Thailänder,
**es bringt *sanuk* (Spaß).**

## Große Schüsseln werden in die Mitte des Tisches gestellt.

Jeder bedient sich. Wenn eine Schale zu weit weg ist, gibt man seinen Teller weiter und bittet, ihn zu füllen.

## Traditionell gegessen wird auf dem Boden sitzend.

# EINLADUNGEN IN THAILAND

**Wer in ein Restaurant einlädt, bezahlt auch die Rechnung.**

## Im Restaurant sitzt man auf dem Boden

oder, nach westlicher Art, am Tisch. Zu Hause wird auf dem Boden gegessen.

**Man steigt nicht über andere Personen,** sondern geht um sie herum.

Es ist durchaus üblich, **dass der Eingeladene manchmal Freunde mitbringt.**

**Nie Schwarz oder Weiß tragen:** Diese Farben sind mit Tod verbunden.

**Meist sind mehrere Gäste anwesend,** um interessante Gespräche zu ermöglichen.

**Shorts, T-Shirts und Sandalen werden als unpassend empfunden.** Thais kleiden sich gern gut.

## Bei einer Einladung nach Hause sind kleine Gastgeschenke,

wie Blumen oder Spielzeug für Kinder angebracht. Die Annahme von Geschenken wird aus Höflichkeit mehrmals verweigert.

# Es wird von allen Gerichten gegessen.

Oft bekommt man ein

**weißes Fadenarmband: *sai sin*.**

Es ist ein heiliger Faden, der von selbst abfallen muss.

**Schuhe vor dem Betreten des Hauses ausziehen.**

# ALKOHOLISCHE GETRÄNKE IN THAILAND

## Thailändisches Bier:

# Krachae:

Der Saft junger **Blüten von Palmen** wird mit geräucherten Holzspänen vermischt und zum Gären gebracht.

# Sato:

Durch Fermentierung von **Klebreis** hergestelltes alkoholisches Getränk. Er wird gern bei **Dorffesten** oder **buddhistischen Zeremonien** getrunken.

# Uh:

Wird wie Sato hergestellt, aber aus Reisschrot.

# Lao Khao:

aus Klebreis destillierter **weißer Schnaps**

# Sam Song und Mekhong:

braune Spirituosen, aus Melasse. Sie werden oft als **Thai Whiskey** bezeichnet, sind aber **eine Art von Rum.**

# TALAAD/MÄRKTE

Märkte werden täglich abgehalten, sie dienen der Nahversorgung und dem geselligen Beisammensein.

Beginn: gegen 6:00 Uhr Früh, manche schließen gegen 10:00 Uhr wieder.

## Schwimmende Märkte:

Sie sind heute hauptsächlich Touristenattraktionen.

Ursprünglich transportierten sie Nahrungsmittel durch die Khlongs in Bangkok.

**Märkte sind ein Paradies für Schnäppchenjäger.**
Es herrscht ein **buntes Durcheinander** von **Nahrungsmitteln, Andenken, Textilien wie Thai-Seide, Kunsthandwerk, Tieren und Pflanzen.**

**Die Preise sind nicht festgesetzt,**
es wird gehandelt.
**Wichtig ist, dass dabei weder der Verkäufer noch der Käufer das Gesicht verlieren.**

## Vielfach kann man sich innerhalb eines Tages

**einen Maßanzug oder ein Kostüm schneidern lassen.**

## Nachtmarkt Patpong

**Ab dem späten Nachmittag bis in die Nacht geöffnet.**
**Er befindet sich im Rotlichtviertel Bangkoks** – hier sollte man hart verhandeln. Bekannt für **echte und gefälschte Designermarken.**

## Chatuchak Market:

**Wochenend-Markt in Bangkok**
mit einem vielfältigen Angebot
Er hat eine Fläche von mehr als
**110 000 m² mit mehr als 15 000 Marktständen.**
Vom Hauptweg zweigen nummerierte Gassen (*Sois*) ab.

## Nachtmarkt JJ Green:

**Ab dem späten Nachmittag bis in die Nacht geöffnet.**
Liegt in einem Park, besteht aus festen Gebäuden und Ständen.
**Hier findet man viele Retro-Waren.**

## Nachtmarkt Chiang Mai

**Echte und gefälschte Designermarken.**

# GARKÜCHEN

**Kleine mobile Küchen, meist auf Ständen mit Rädern, an denen das Essen frisch zubereitet wird.**

Garküchen bieten meist eine
**begrenzte Auswahl an Speisen.**
Jede Garküche hat eine Spezialität.

Es lohnt sich,
**den Einheimischen zu folgen,**
sie kennen die besten Garküchen.

**Hier wird gegrillt, gekocht, gedämpft.**

## Achtung mit der Schärfe:

Vorsichtig beginnen!
***mai pet*** – nicht scharf
***pet nit noi*** – leicht scharf
***pet*** – scharf

## Man sollte darauf achten,

**dass Fleisch und Fisch gut durchgebraten sind (*suk-suk* = durchbraten).**

# Frittierte Insekten als Snacks

**Schaben, Larven, Maden, Würmer, Heuschrecken, Käfer und Skorpione** werden in heißem Fett frittiert und gewürzt.

**Die Tiere sind speziell für den menschlichen Verzehr gezüchtet.**

# EDELSTEINE

Sie sind im National Museum of Royal Barges zu besichtigen. **Es beherbergt 52 Barkassen**, darunter die 8 acht wichtigsten königlichen Barkassen. Sie sind besonders üppig geschmückt, mit Gold überzogen und mit Gallionsfiguren von Drachen, Nagas oder Göttern ausgestattet.

**In Thailand findet man neben Wolfram, Zinn und Mangan auch Gold und Edelsteine.**

## Rubine und Saphire werden am häufigsten exportiert.

Die Schmuckindustrie in Thailand hat eine jahrhundertealte Tradition.

**Bangkok ist das Zentrum des Edelsteinhandels.** Der Edelsteinbetrug ist weitverbreitet in Thailand. Viele Touristen fallen auf scheinbar seriöse Angebote herein und sind willkommene Opfer.

**Thailand gilt als eines der fünf großen Edelsteinschleifzentren der Welt. Der Bangkok-Schliff wird besonders geschätzt.**

### Saphire:

Kanchanaburi, Chanthaburi, Si Saket, Ubon Ratchathani, Phrae, Phetchabun und Sukhothai.

### Tab Tim Siam:

Die roten Rubine aus Chanthaburi sind besonders begehrt.

## Steine und Wochentage:

| | |
|---|---|
| **Montag** | Perlen und Diamanten |
| **Dienstag** | Topas |
| **Mittwoch** | Smaragde |
| **Donnerstag** | Chryoberyl (Katzenauge) |
| **Freitag** | Perlen und Diamanten |
| **Samstag** | Spinell und Rubin |
| **Sonntag** | Granat und Zirkon |

## Steine und Monate:

| | |
|---|---|
| **Januar** | Granat |
| **Februar** | Amethyst |
| **März** | Aquamarin und Blutstein |
| **April** | Diamant |
| **Mai** | Smaragd |
| **Juni** | Perle und Mondstein |
| **Juli** | Rubin |
| **August** | Peridot |
| **September** | Saphir |
| **Oktober** | Opal |
| **November** | Topaz |
| **Dezember** | Türkis und Zirkon |

**Das Tragen bestimmter Edelsteine bringt nach traditionellem Glauben Glück und Erfolg.**

# DIE LANDWIRTSCHAFT

**Thailand hat sich schnell zum Schwellenland entwickelt, die landwirtschaftlich bebauten Flächen steigen stark.**

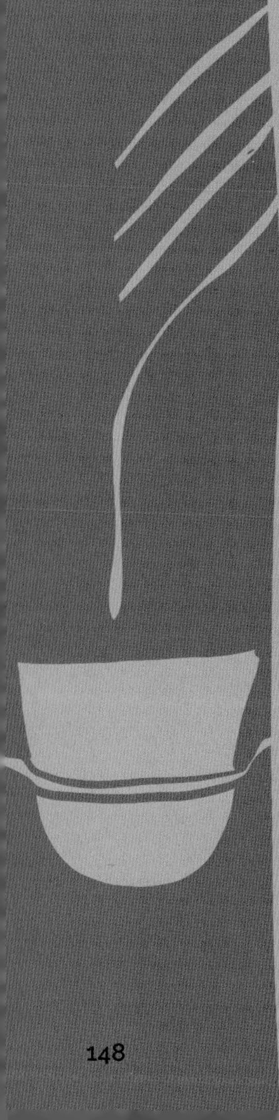

## Die Hauptnutzpflanze ist der Reis.

Des Weiteren werden **Mais, Zuckerrohr und Sojabohnen** angebaut.

## Maniok

**Thailand gehört zu den weltgrößten Produzenten für Maniok.**

Die Wurzelknollen werden als Nahrungsmittel oder Futtermittel für Tiere eingesetzt. Auch die Blätter können als Gemüse gegessen werden.

## Naturkautschuk

**Thailand ist der größte Naturkautschuk-Produzent der Welt.**

Kautschuk bedeutet **Träne des Baumes.**

Kautschuk wird aus Latex gewonnen, dem Milchsaft des Kautschukbaumes.

# Teakbaum Harthölzer

Besonders Teakholz war nach dem Reisexport Anfang des **20. Jahrhunderts das zweitwichtigste Exportgut.**

## Teakholz ist besonders hart.

Die langen Stämme wachsen **astfrei,** es trocknet ohne Verwerfungen und ist **ohne besondere Behandlung witterungsbeständig.**

Das **größte Gebäude** der Welt, das **zur Gänze aus Teak-Holz** gebaut wurde, ist der

**Vinanmek-Palast in Bangkok.**

# REIS

## Reis ist in Thailand ein Grundnahrungsmittel.

Auf Thailändisch heißt
**eine Mahlzeit einnehmen**
**»Reis essen«.**

Thailand wird auch die
**Reisschale Asiens**
genannt.

### Langkornreis:
Weiße Reiskörner, körnig und locker.

### Basmatireis:
Weiße Reiskörner, schmal, eine der teuersten Langkornreisarten.

### Duftreis:
Auch Jasminreis genannt, in Thailand werden mehr als 200 Duftreissorten angebaut.

### Klebreis:
Reissorte mit hohem Stärkeanteil, klebt nach dem Dämpfen zusammen.

# Ca. 30 Millionen Tonnen Reis werden jährlich geerntet.

**Eine Legende** erzählt, dass eine **böse Königin** ihre **schöne Dienerin** verhungern lassen wollte.

**Sie gab ihr keine Reiskleie mehr, die Reiskörner wurden zu dieser Zeit nicht gegessen.**

Die Hofdame stellte fest, dass die **Reiskörner aber besser waren** und teilte die Körner mit den anderen Bediensteten. Die Königin wollte wissen, wie die Hofdame überlebte und **sie sagte ihr, der Hunger mache sie so schön – die Königin hörte auf zu essen und starb.** Hofdame und Diener bauten Reis an und wurden glücklich und wohlhabend.

Thailand ist der **fünftgrößte Reisproduzent** der Welt und einer der weltweit größten Exporteure.

# NASSREISANBAU

**Reis wird vielfach noch immer traditionell mithilfe von Wasserbüffeln angebaut.**
Das Feld ist von Dämmen umgeben, steht ca. kniehoch unter Wasser und wird gepflügt.

**Pro Kilogramm Reis werden zwischen 3000 und 5000 Liter fließendes Wasser benötigt.**

Das Wasser hält Unkraut und Schädlinge ab.

## Das Korn wird in Wasser gelegt, um zu quellen.

Die Reis-Setzlinge werden in Saatbeeten vorgezogen und dann händisch auf die Felder gepflanzt.

## Nach ca. 3 bis 4 Monaten wird das Wasser abgelassen, nach einer kurzen Trockenphase

kann der Reis von Hand geerntet werden.

# DIE GARNELENZUCHT

**Garnelen werden in Aquakulturen gezüchtet.**

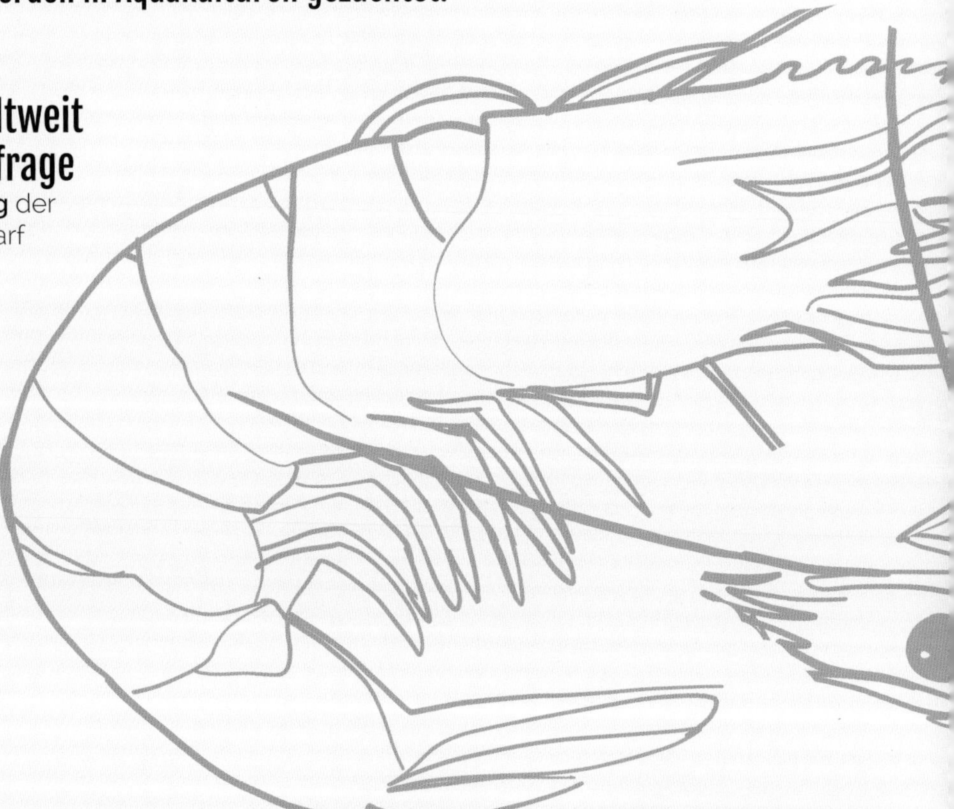

**Aufgrund der weltweit steigenden Nachfrage** und der **Überfischung** der Meere steigt der Bedarf **an Zuchtgarnelen** kontinuierlich.

Thailand ist **neben China** eines der **wichtigsten Produktionsländer.**

**Bereits um 1030 wurde** in Thailand mit der Shrimps-Zucht begonnen.

**Shrimps, Garnelen, King Prawns und Gambas**
werden in künstlich angelegten Becken oder in Küstennähe gezüchtet.

**Durch die Shrimps-Zucht werden viele Mangrovenwälder zerstört.**
Sie müssen dem erhöhten Platzbedarf weichen.

**Die Black Tiger Shrimps wurden durch die sogenannten Weißen Shrimps ersetzt,**
das steigerte den Ertrag erheblich. Die Weißen Shrimps erlauben drei Ernten jährlich.

# FISCHEREIINDUSTRIE

**Thailand ist einer der größten Exporteure von Meeresfrüchten und Fisch.**

**Gefangen werden vor allem Thunfische, Tintenfische und andere Speisefische.**

Ein großer Teil wird zu **Fischmehl** verarbeitet, das an die Garnelen-Aquakulturen als Garnelenfutter geliefert wird.

**Die Arbeitsbedingungen werden immer wieder kritisiert.**

Ausbeutung, Menschenhandel und Schläge sind an der Tagesordnung.

## Thai Union Group

Die Thai Union Group, der größte Hersteller **von Thunfischkonserven** und Produzent von Meeresfrüchten, steht immer wieder im **Fokus von Greenpeace,**

**wegen Sklavenarbeit und Verletzung von Menschenrechten.**

Der Konzern hat sich nach Protesten nun zu neuen Richtlinien für seine Produktion verpflichtet.

# THAIBOXEN/ MUAY THAI

ist der Nationalsport Thailands.

**Der Legende nach**
befreite sich **König Naresuan**
**im 16. Jahrhundert**
aus der feindlichen Gefangenschaft,
**indem er die besten Kämpfer des Gegners im Ringen bezwang.**

Thaiboxen wurde ursprünglich
**von Mönchen zur Selbstverteidigung gelehrt.**

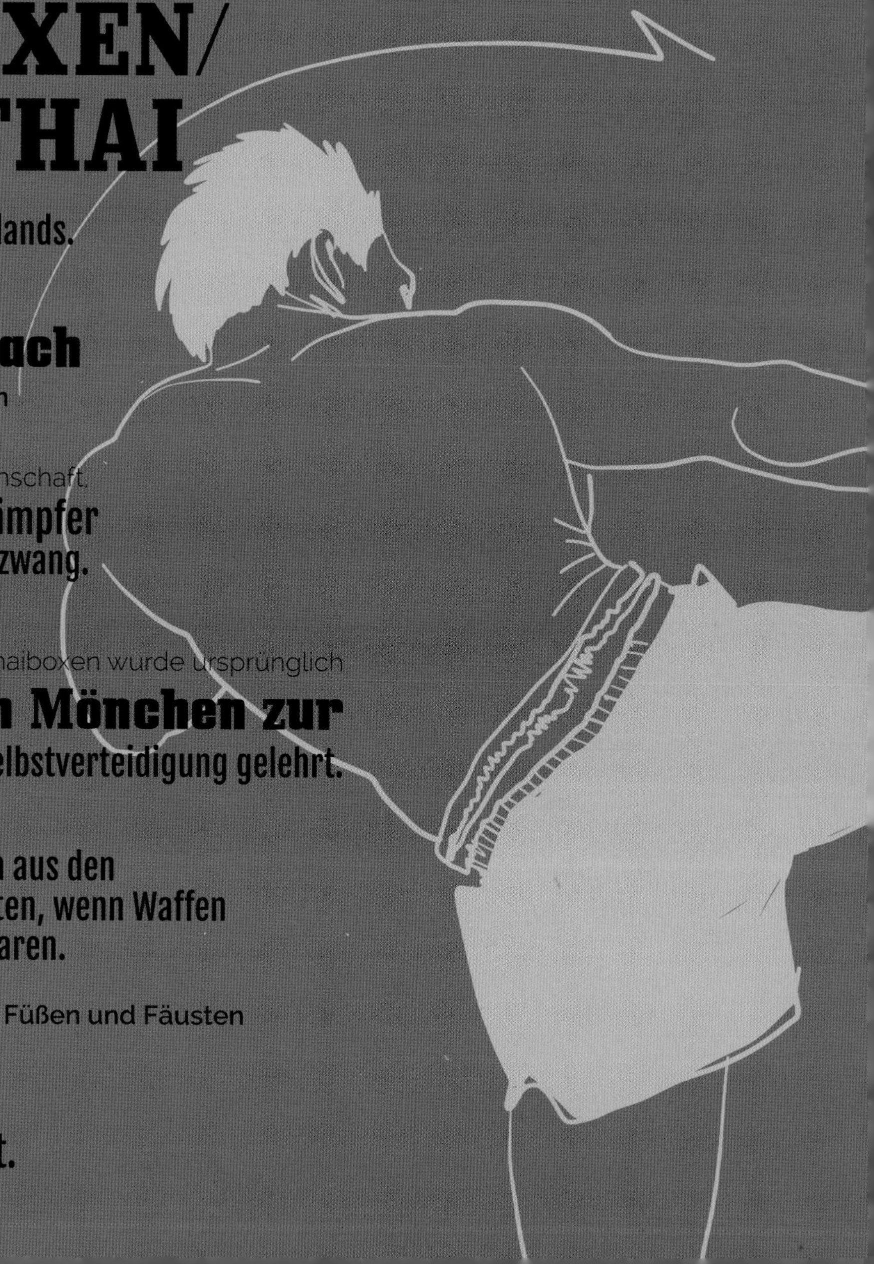

**Der Sport entwickelte sich aus den traditionellen Kampfkünsten, wenn Waffen unbrauchbar geworden waren.**

Der Krieger stieß mit **Beinen, Füßen und Fäusten** nach dem Gegner.

Der Tiefschutz ist aus
**Kokosschalen gefertigt.**

Die Hände waren ursprünglich nur bandagiert,
**heute werden auch Boxhandschuhe verwendet.**

## Heute erlaubte Techniken bei Wettkämpfen:

**Tritttechniken**
mit dem Schienbein und/oder Fuß und mit der Ferse.

**Fausttechniken, Backfist (Handrückenschlag)**
Festhalten des gegnerischen Beines **mit Folgetechnik.**

**Clinchen**
Schläge zum Kopf, Knie- und Ellbogen-Techniken.

**Bevorzugte Ziele sind der Bauch und die Nierengegend.**

# KRABEE-KRABONG

Krabong ist die Thai-Version des Fechtens, eine Kampftechnik mit Waffen und heute eine beliebte Sportart in Thailand.

Trainiert wird mit **Übungswaffen**
**aus Holz oder Rattan.**

Diese Kampfform geht auf den
**Zweikampf von Elefantenreitern zurück.**

**Der Schwerttanz auf dem Elefantenrücken**
wurde auch zur **Verehrung Buddhas** ausgetragen.

**Beim Schaukampf**
**mit echten Waffen**
werden die Kämpfe von Musik begleitet.

**Zur Verteidigung dienen**
**Lang- oder Rundschilder.**

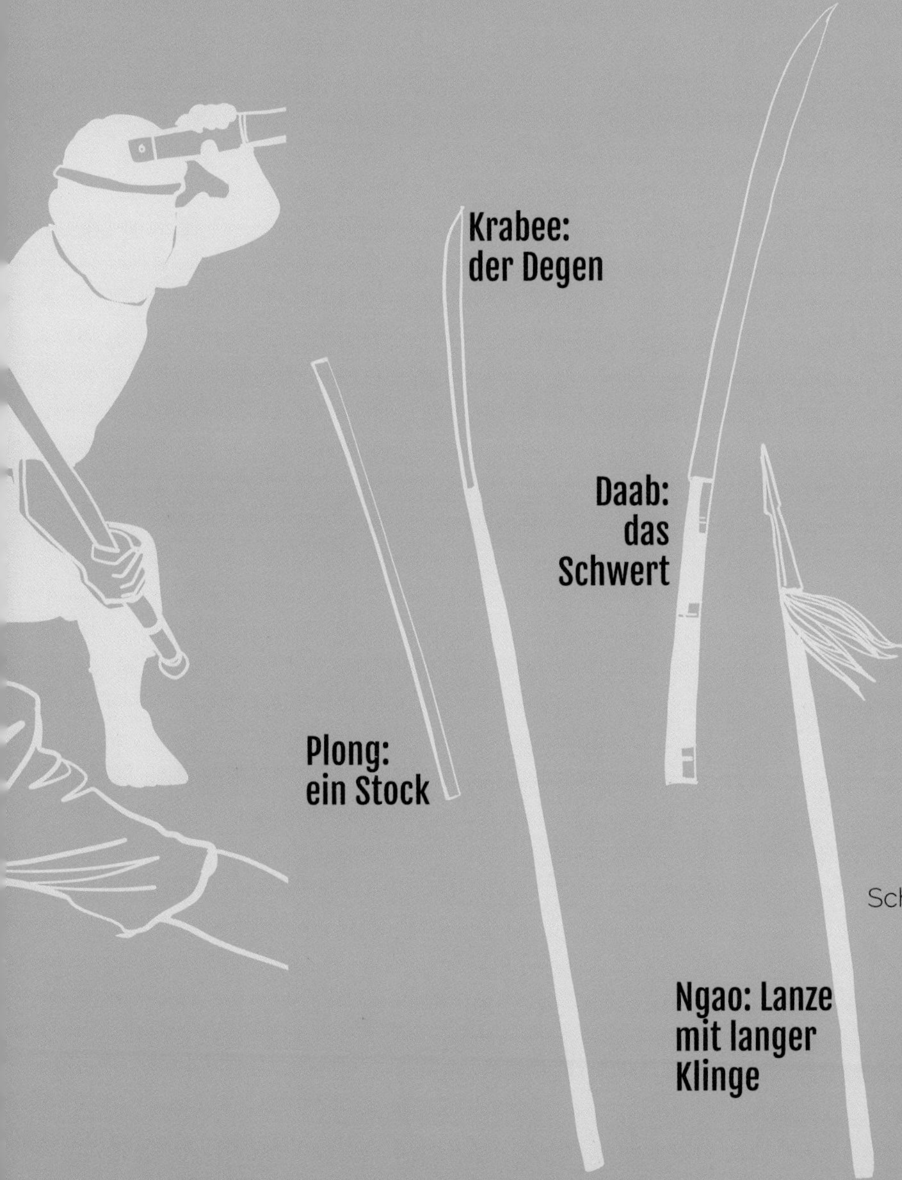


## Es gibt 9 Schärpen:

**Khan Pohn,**
Weiße Schärpe: Anfänger

**Khan Nahy Sib,**
Gelbe Schärpe: Gruppenführer

**Khan Nahy Rawy,**
Grüne Schärpe: Assistenztrainer

**Khan Nahy Pahn,**
Blaue Schärpe: Trainer

**Khan Meun,**
Purpurne Schärpe: Trainer

**Khan Khun,**
Braune Schärpe: Experte

**Khan Luang,**
Schwarze Schärpe: Spezialist

**Khan Pra (Ajarn),**
Silberne Schärpe: Meister

**Khan PraYa (Ajarn Yai),**
Goldene Schärpe: Großmeister – sie ist dem König vorbehalten.

# KAENG WAU FLUGDRACHEN-WETTKAMPF

Flugdrachen wurden ursprünglich auch **im Krieg eingesetzt, um explodierendes Material über Befestigungsanlagen zu transportieren.**

## Chula

ist der männliche Drachen, er ist sternförmig, schwerer und daher auch langsamer, oft mit Tiermotiven geschmückt.

**Bis zu 20 Teilnehmer einer Mannschaft steuern ihn.**

Die Chula versuchen die Pakpao zu fangen und zu Boden zu drücken.

## Der größte Turnierkampf findet in Bangkok im Mai statt.

Hier treten Mannschaften aus allen Provinzen an, um den vom König gestifteten Pokal zu erringen.

## Er ist ein Volksfest – auf den Tribünen wird gefeiert,

gegessen und trotz Verbotes gewettet. Im Rahmen der Drachenwettbewerbe werden auch Schachturniere ausgetragen.

## Pakpao

ist der weibliche Drachen, er ist rautenförmig, kleiner und leichter.

**Er kann von einem einzelnen Teilnehmer gesteuert werden**

und erreicht eine höhere Geschwindigkeit. *Pakpaos* haben lange Widerhaken, mit denen sie *Chulas* zum Abstürzen bringen können.

## Es ist auch ein Kampf männlich gegen weiblich.

# TAKRAW UND KREIS-TAKRAW

**Ballspiel, bei dem ein Spieler den Ball mit allen Körperteilen in ein gegnerisches Netz, über ein gegnerisches Netz oder durch eine Schlinge schießen muss.**

## Der Ball:

Ca. 12 cm Durchmesser,
**aus Rohrgeflecht oder aus Kunststoff,**
ursprünglich war der Ball aus Bambusstreifen.

## Kreis-Takraw:

Es ist die in Thailand beliebtere Variante:
**6 bis 8 Mitspieler**
stehen in einem Kreis auf dem Spielfeld, eine
**Schlinge ist in der Mitte.**

**Kreis-Takraw wird oft am späten Nachmittag gespielt.**

Je länger der **Ball in der Luft** bleibt und **je kunstvoller die Sprünge** sind,
**desto höher die Punkte.**

**Der Ball darf weder die Hand noch den Boden berühren.**

**Spieldauer:**
**40 Minuten,**
keine Pausen.

# KAENG RUER BOOTSRENNEN

Die Rennen entwickelten sich in der Ayutthaya-Periode, als das Zentrum von Siam an der Kreuzung mehrerer Flüsse lag.

**Die Boote sind aus Teak** oder anderen Harthölzern.

**Die Hauptsaison ist** nach der Regenzeit, **wenn die Flüsse Wasser führen.**

Eine Mannschaft besteht aus **8 bis 10 Personen,** in Langbooten auch mehr.

Die Boote werden mit **bunten Stoffstreifen dekoriert,** sie sollen die Götter gnädig stimmen.

# MAKRUK/THAI-SCHACH

Ähnelt dem traditionellen Schach, wurde ursprünglich als Planungsspiel für kriegerische Auseinandersetzungen entwickelt.

## 16 Spielfiguren

**1 Anführer,**
genannt Kun, ähnlich **dem König beim Schach**

**1 Wesir,**
genannt Med, kann diagonal ziehen

**2 Bäume,**
genannt Con, ziehen diagonal oder vorwärts

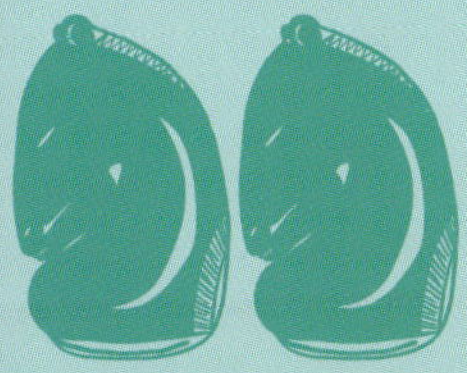

**2 Pferde,**
genannt Ma, **ziehen wie Springer**

## Brett mit 8 x 8 Feldern

**2 Boote,**
genannt Rua, **ziehen wie Türme**

**8 Bauern,** genannt Bia, ziehen **wie Bauern** und werden zu Wesiren, wenn sie die Reihe des Gegners erreichen.

# FISCHKÄMPFE

Bei den Kämpfen werden **siamesische Kampffische** eingesetzt. Sie sind bis zu 7 cm lang, die Männchen sind prächtiger gefärbt als die Weibchen. Für die Kämpfe werden nur 6–7 Monate alte Männchen eingesetzt.

**Das Wetten auf Tierkämpfe ist ein beliebter, allerdings auch grausamer Zeitvertreib.**

**Es gibt 2 Arten:**
*lukpah* und *lukmoh*

**Fischkämpfe sind in Bangkok verboten, werden aber dennoch abgehalten. In den Provinzen sind die Fischkämpfe noch immer erlaubt.**

**Die Fische werden einzeln in Gläsern** mitgebracht. **2 Fische werden** einander gegenübergestellt und ihre Reaktionen beobachtet. Daraufhin werden Wetten abgeschlossen.

**Dann kommen beide Fische in ein Glas.** Wie in der Natur verteidigen sie ihr Terrain. Sie beißen aggressiv und verletzen einander. Oft sterben die Fische dabei. **Zeigt der Verlierer aber seine Unterlegenheit und lässt sich zu Boden** sinken, dann ist der Kampf beendet.

# SKURRILE FAKTEN

Das thailändische Alphabet hat

**32 Vokale und 44 Konsonanten.**

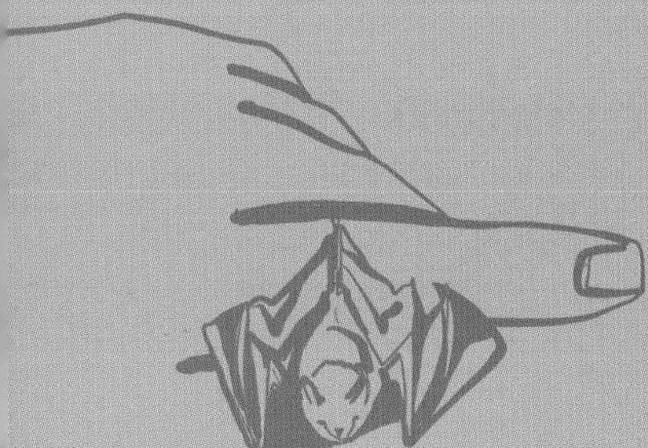

Thailand beherbergt eine der **größten Buddha-Statuen** der Welt, den großen Buddha

**Ang Thong.**

**In Thailand lebt das kleinste Säugetier der Welt:**

Eine hummel-große Fledermaus (Craseonycteris thonglongyai).

Thailand ist das einzige Land in Süd-Ost-Asien, das **nie kolonialisiert wurde.**

Neben Thai werden noch **73 andere Sprachen** in Thailand gesprochen.

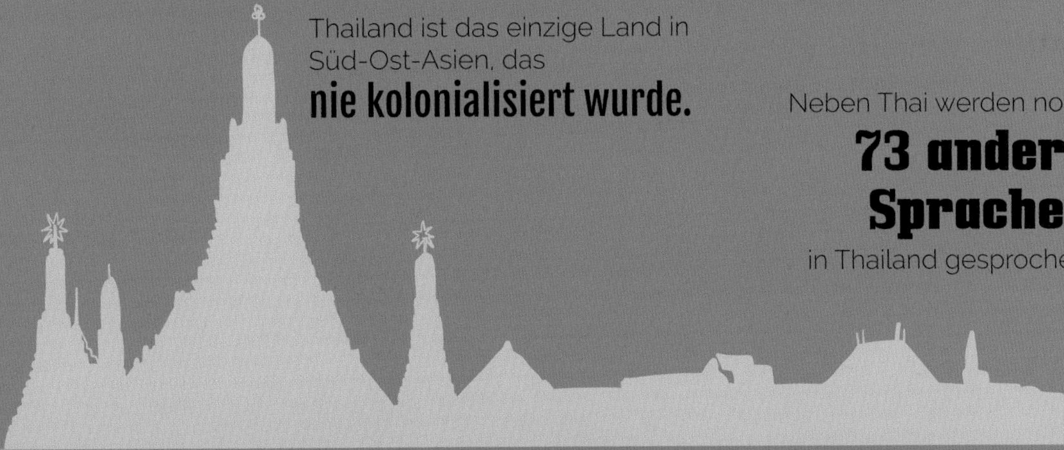

**Die thailändische Hauptstadt Bangkok,** nur von *farangs* so genannt, **hat den längsten Namen der Welt:**

**Krung Thep Maha Nakhon Amon Rattanakosin Mahinthara Yutthaya Mahadilok Phop Noppharat Ratchathani Burirom Udom Ratchaniwet Maha Sathan Amon Phiman Awatan Sathit Sakkathattiya Witsanukam Prasit.**

## Er bedeutet etwa:

Stadt der Devas, große Stadt und Residenz des heiligen Juwels Indras, des Smaragd-Buddha, uneinnehmbare Stadt des Gottes, große Hauptstadt der Welt, geschmückt mit neun wertvollen Edelsteinen, reich an gewaltigen königlichen Palästen, die den himmlischen Heim des wiedergeborenen Gottes gleichen, Stadt, die von Indra geschenkt und von Vishvakarman gebaut wurde.

**Ohne Unterwäsche das Haus zu verlassen, ist gesetzeswidrig und kann hart bestraft werden.**

# SIAMESISCHE ZWILLINGE

**Name einer Fehlentwicklung, bei der Zwillinge auch nach der Geburt körperlich zusammengewachsen sind.**

Statistisch gesehen ist diese Fehlbildung selten, die Chancen sind

**etwa 1 : 1 000 000.**

## Chang und Eng Bunker (1811–1874)

waren Siamesische Zwillinge und als Jahrmarktattraktion bekannt. Die beiden wurden in Siam geboren und seitdem wird diese Fehlbildung so genannt.

**Sie waren Kinder eines Fischerehepaares.**

**Die beiden waren vom Gesäß bis zum Brustkorb zusammengewachsen.**

Durch die Vermittlung von Robert Hunter und dem Missionar Captain gelangten sie nach Europa und dann nach Amerika.

**Sie hatten 22 Kinder und starben innerhalb von 2 Stunden nacheinander.**

# LADYBOYS/KATHOEY

Kathoey wird manchmal mit Zwitter übersetzt, trifft das aber nicht ganz, es wird oft als Begriff des dritten Geschlechts verwendet.

Bis ins 20. Jahrhundert gab es in Thailand drei Geschlechter:
**männlich, weiblich und kathoey.**

Buddhistische Mythen über den Ursprung kennen diese drei Geschlechter. Die Karma-Lehre führt ihre Andersartigkeit auf ihr früheres Leben zurück.

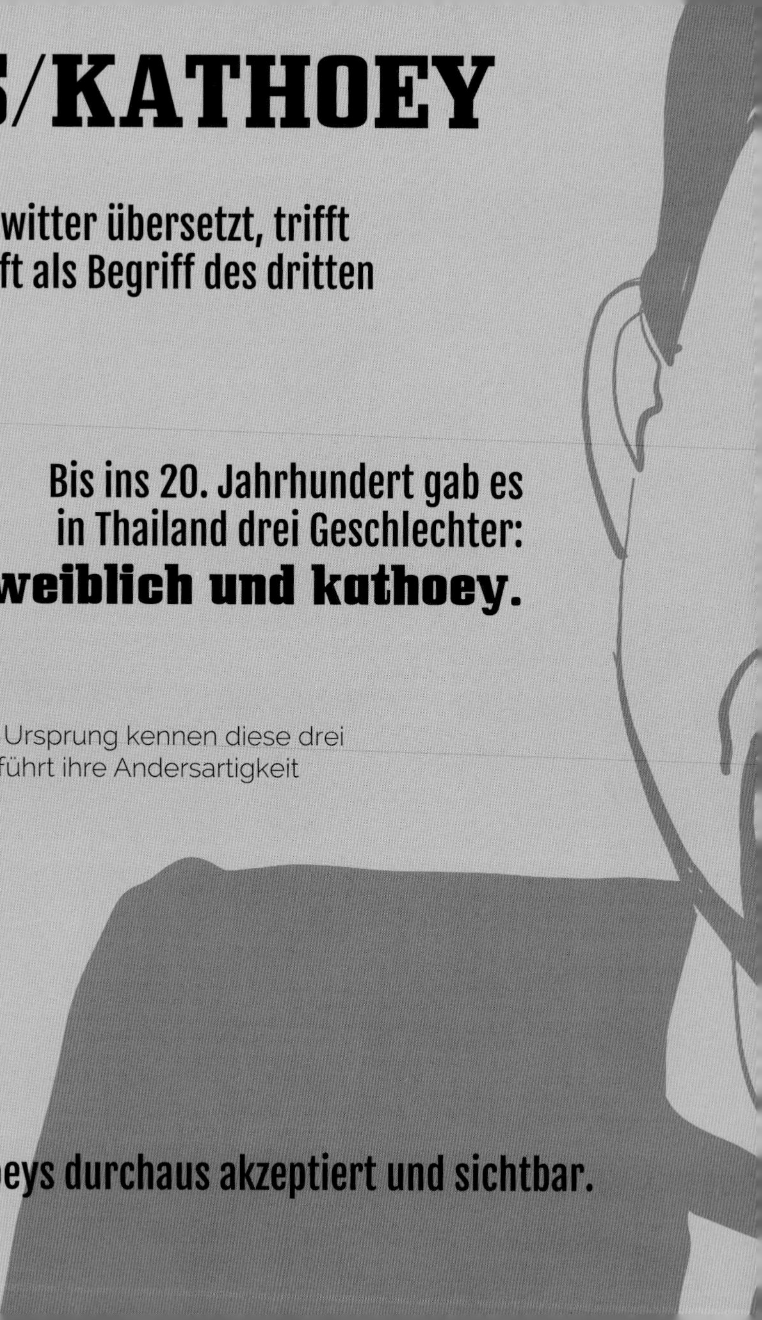

In Thailand sind die Kathoeys durchaus akzeptiert und sichtbar.

**Kathoeys waren bis 2012 vom Wehrdienst ausgeschlossen,** seitdem kann die **Abweichung des Geburtsgeschlechtes eingetragen** werden.

**Sie sind vor allem im Unterhaltungsgewerbe und auch im Rotlichtmilieu anzutreffen.**

# SEXTOURISMUS IN THAILAND

## Thailand ist ein beliebtes Ziel für den Sextourismus.

Die erste Welle entstand **durch die amerikanischen Soldaten,** die in Zeiten des Vietnamkriegs ihre Urlaubstage in Thailand verbrachten.

## Die Prostitution ist illegal,

dennoch gibt es **mehr als 2 Millionen Prostituierte** in Thailand. Man schätzt, dass

## ca. ein Drittel der Haushalte

Nordthailands durch Prostitution finanziert werden.

## Vor allem die Städte Bangkok, Pattaya, Chiang Mai, Hat Yai und Phuket sowie Ko Samui sind beliebte Destinationen.

**Die Massage-Salons bieten gegen gesondertes Entgelt ein »Happy Ending« an.**

**Badehäuser oder Seifen-Palours:**
Sitzbereich vor der Fish-Bowl, in der die Frauen sitzen. *Papasan* oder *Mamasan* (Zuhälter bzw. Bordellmutter) rufen die Mädchen auf, **sie kommen nach Bezahlung des Preises zum Freier.** Man geht für die Seifenmassage in ein Zimmer.

**Im Rotlichtgewerbe werden mehr als 25 Millionen Dollar umgesetzt, über 10% des BIP.**

**Treffpunkte sind neben Bordellen Bars, Massage-Salons und Karaoke-Clubs.**

# NUAT PHAEN BORAN THAI-MASSAGE

## Der Name bedeutet: Massieren nach altem Muster.

Die Thai-Massage besteht aus **passiven Dehnbewegungen, Mobilisationen, Druckpunktmassagen,** manche Positionen haben Ähnlichkeit mit Yoga.

**Die Massage wird mit Handflächen, Ballen, Ellbogen, Knien und Füßen durchgeführt.**

Sie findet, bekleidet, auf einer Matte statt.

Die Thai-Massage soll auf den nordindischen Arzt

**Jivakar Kumar Bhaccha**

zurückgehen. Er gilt noch heute als Vater der Medizin und lebte als Zeitgenosse Buddhas im 5. Jahrhundert. Die Technik dürfte von Mönchen überliefert worden sein.

## Den Körper durchziehen 10 Energielinien, auf ihnen liegen die Marma-Punkte (Energiepunkte).

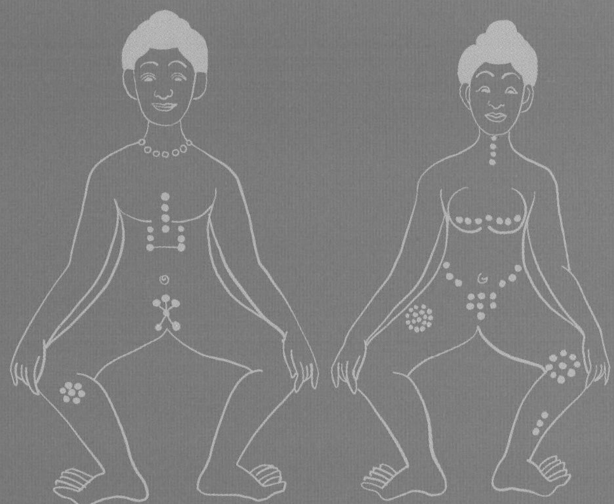

### Thaimassage wird als Gesundheitsvorsorge angewandt.

Durch bestimmte Positionen wird mehr Sauerstoff aufgenommen.

# THAILÄNDISCHE HEIRAT

## Eine buddhistische Hochzeit ist eher eine soziale Feier.

Die Hochzeiten finden in einem Tempel, dem Haus der Braut oder auch am Strand statt. Rechtsverbindlich geheiratet wird auf dem Standesamt.

**Der thailändische Mann muss traditionell vor der Verlobung die gesamte Familie der Braut kennenlernen** und die Zustimmung der Familie erhalten. Das Oberhaupt der Familie ist der älteste Mann. Er trifft alle Entscheidungen für die Familienmitglieder.

## Dann kann er die Eltern um die Hand der Tochter bitten.

## Brautgeld oder Milchgeld:

Der zukünftige Ehemann zahlt der Familie der Braut einen Betrag, quasi eine Entschädigung für die Kosten der Erziehung. Das Geld wird dem Brautpaar manchmal am Hochzeitstag zurückgegeben.

## Der Hochzeitstermin wird mithilfe eines Astrologen festgesetzt.

## Die Braut trägt den *schut tai*

– ein Hochzeitsgewand aus reiner Seide. Beide tragen weiße Blumengirlanden, die böse Geister abwehren sollen. In der Regel sind 9 Mönche anwesend: **9 ist eine Glückszahl.**

## Die Hochzeit findet immer am Morgen statt.

## Buddha-Hochzeit:

Sie ist einer **kirchlichen Trauung ähnlich,** hat aber keinerlei rechtliche Konsequenzen, sie wird auch nicht amtlich eingetragen. **Die Buddha-Hochzeit wird oft zwischen *farangs* (Ausländern) und Thai-Frauen geschlossen**, da sich daraus keine Verpflichtungen ableiten lassen und kein Anspruch auf ein Visum besteht.

## Oft leben junge Paare bis zur Geburt des ersten Kindes

im Haus der Eltern der Braut.

# NATIONALPARKS IN THAILAND

Thailand hat mehr als 120 Nationalparks, sie werden vom Royal Forest Department verwaltet.

## Doi-Inthanon-Nationalpark

Hier liegt der höchste Berg Thailands mit 2565 m Höhe.

## Erawan-Nationalpark

In der Provinz Kanchanaburi, sehenswert ist der Erawan-Wasserfall.

## Khao-Sok-Nationalpark

In der Nähe von Khao Lak, hier blüht die größte Blüte der Welt, die Rafflesia. Beindruckend ist der riesige Stausee Chiaow Lan.

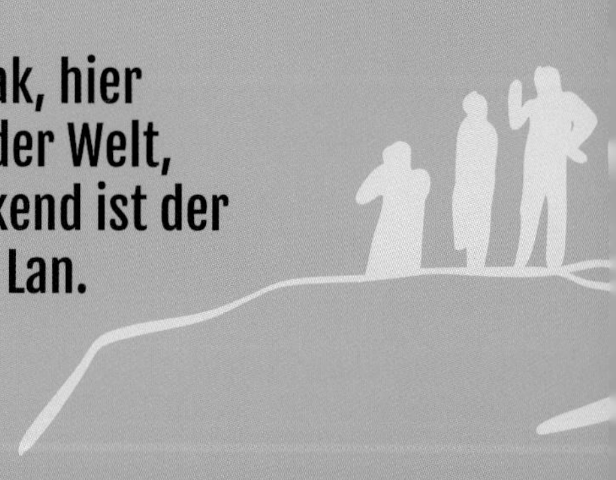

## Ko-Similan-Nationalpark

**Die 9 Inseln der Similangruppe, eines der besten Tauchgebiete.**

## Khao-Yai-Nationalpark

Er war der erste Nationalpark Thailands. Besonders beeindruckend ist der Haeo-Narok-Wasserfall.

# SKULPTURENPARK SALA KAEO KU IN NONG KHAI

Es werden Szenen aus dem Leben Buddhas dargestellt.

## Nahe Nong Khai, am Mekong gelegen.

Eine große Parkanlage mit bis

**20 m hohen Skulpturen,**
**die um 1980 gestaltet wurde.**

**Der Künstler Luang Pu Bunleua Sulilat schuf sie mit seinen Anhängern.**

## Der Legende nach fiel er als

Junge in ein tiefes Loch.
Dort erzählte ihm der **Eremit Kaew Ku** von der Unterwelt und die verschiedenen Mythen des Buddhismus.

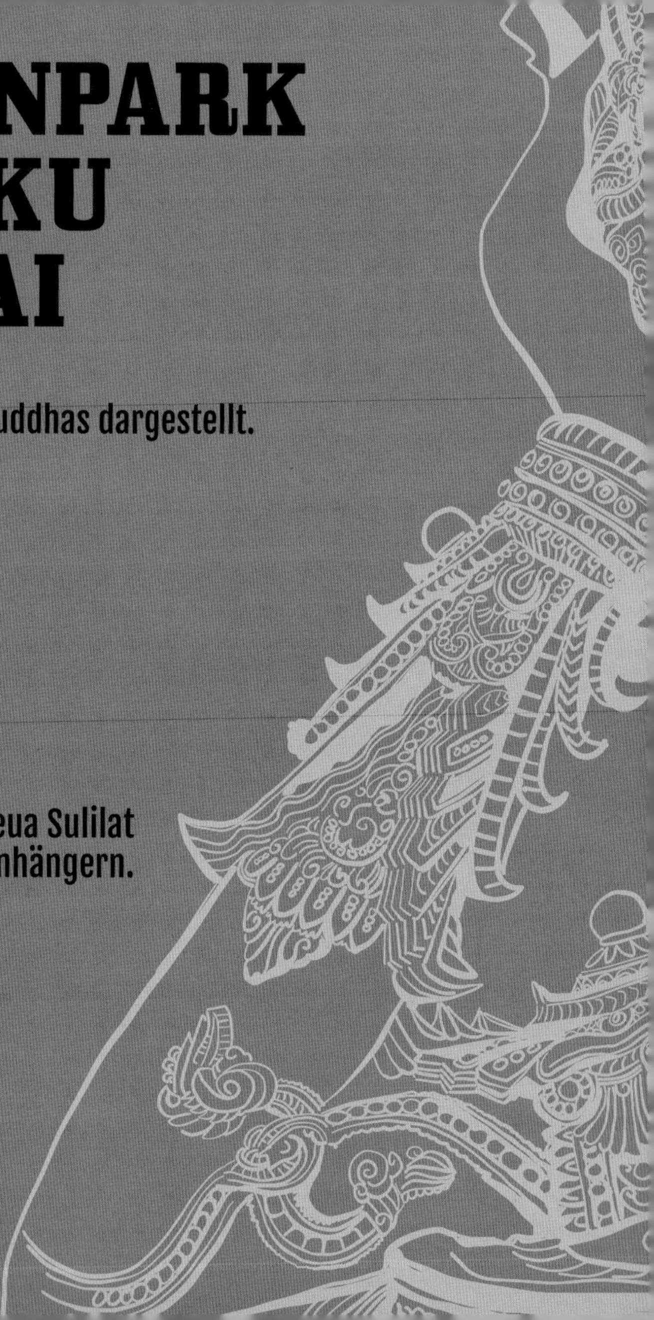

**Buddha, beschirmt von einer siebenköpfigen *Naga***

(Schlangengottheit)

# STRASSENVERKEHR

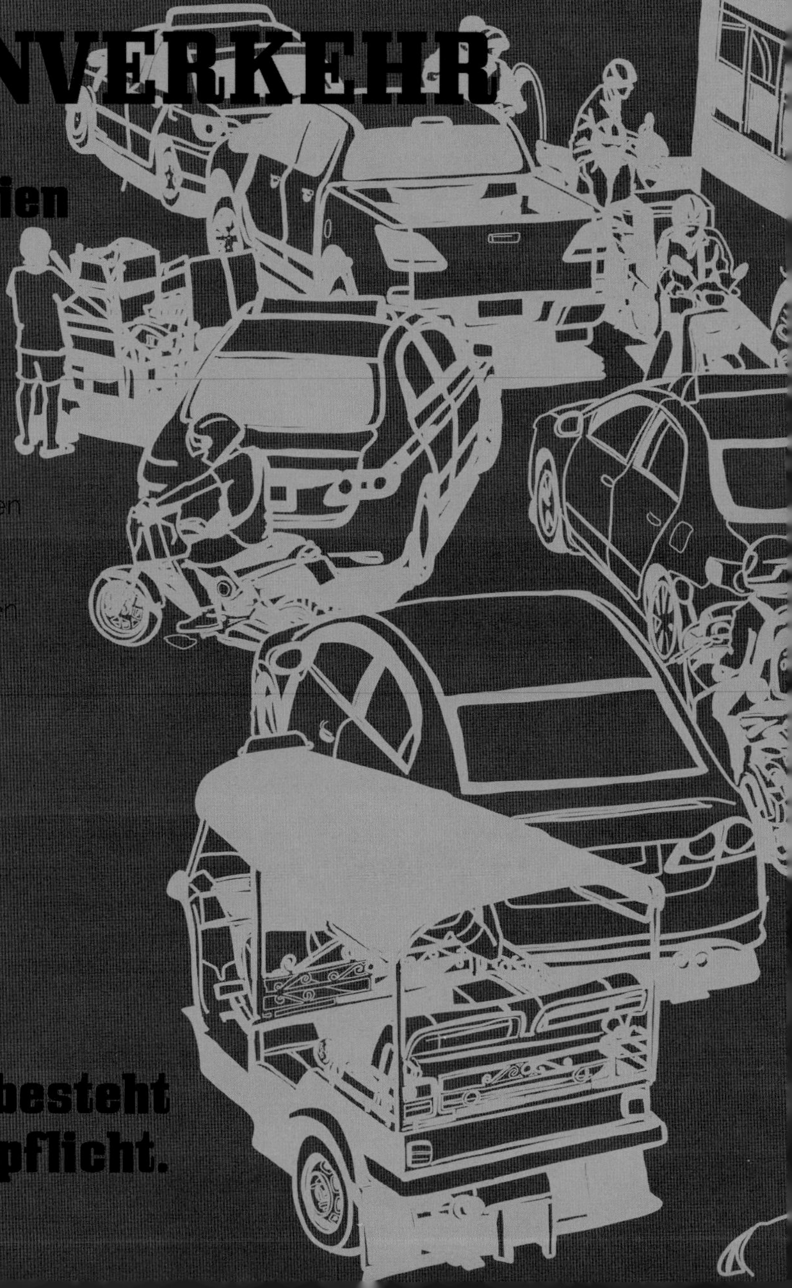

## Es gibt 5 Kategorien von Straßen:

***Trok:*** nicht befahrbar, in den Außenbezirken von Städten

***Soi:*** kleine, meist einspurige Straßen

***Thanon:*** Hauptverbindungsstraßen

**Schnellstraßen:** die wichtigsten Transportverbindungen in Thailand, sie treffen in Bangkok zusammen.
**Sie sind kostenlos.**

**Autobahnen sind meist mautpflichtig.**

**In Thailand besteht Anschnallpflicht.**

# In Thailand gilt Linksverkehr.

Höchstgeschwindigkeiten

Im Ort:
**50 km/h**
Außerhalb max.
**90 km/h**
Hauptverbindungsstraßen
**80–120 km/h**
Autobahnen
**120 km/h**

# VERKEHRSMITTEL

**Private Busunternehmen,**
fahren nach Bedarf und halten auf Winken.

## Songthaeo:

**Sammeltaxis,**
die in Städten oder für den Nahverkehr eingesetzt werden. **Sie sind umgebaute Pritschenwagen oder LKW.** Sie sind meist überdacht und an den Seiten offen.
Gezahlt wird beim Fahrer.

**U-Bahn: nur in Bangkok**

## Es gibt staatliche Linienbusse, sie fahren nach Fahrplänen.

**Rote Busse** (*rotmee tamadaa*) haben keine Klimaanlage.
**Blau-weiße Busse** (*rotmee düen*) haben eine Klimaanlage.

## Roller in Großstädten

## Taxis in Großstädten

**Der Fahrpreis sollte im Voraus vereinbart werden.**

Die Taxis sind in allen möglichen Regenbogenfarben zu finden, von Schweinchenrosa bis Himmelblau.

# TUK TUKS

Tuk Tuks sind eigentlich eine Variante der Rikscha.

**Es sind zwei- oder dreirädrige Fahrzeuge,**
mit Motor betrieben.

Tuk Tuks gehören zu Bangkoks Wahrzeichen.
**Sie waren einst das häufigste Transportmittel,**
werden aber zunehmend durch klimatisierte Taxis ersetzt.

Der Fahrer sitzt alleine vorne.

Die Fahrgastkabine ist aus Blech, hat keine Fenster. Es finden 2 bis 3 Personen darin Platz.

**Durch ihre Wendigkeit** kommt man in den zahllosen Staus **schneller ans Ziel.**

## Tuk-Tuk-Fahrer

arbeiten oft auch als Schlepper für Juweliere, Schneider oder auch Rotlichtlokale – **bei Fahrten wird bei den Geschäften ein Halt gemacht.** Wenn man das vermeiden will: klar sagen und **eventuell einen höheren Fahrpreis anbieten, um direkt ans Ziel zu kommen.**

Tuk Tuks sind für Kurzstrecken günstig, als *farang* (Ausländer) zahlt man mehr als die Thailänder.

# FÄHREN UND DIE FAHRTDAUER

**Sie fahren ganzjährig vom Festland auf die diversen Inseln, mit Ausnahmen in den Monsun-Monaten.**

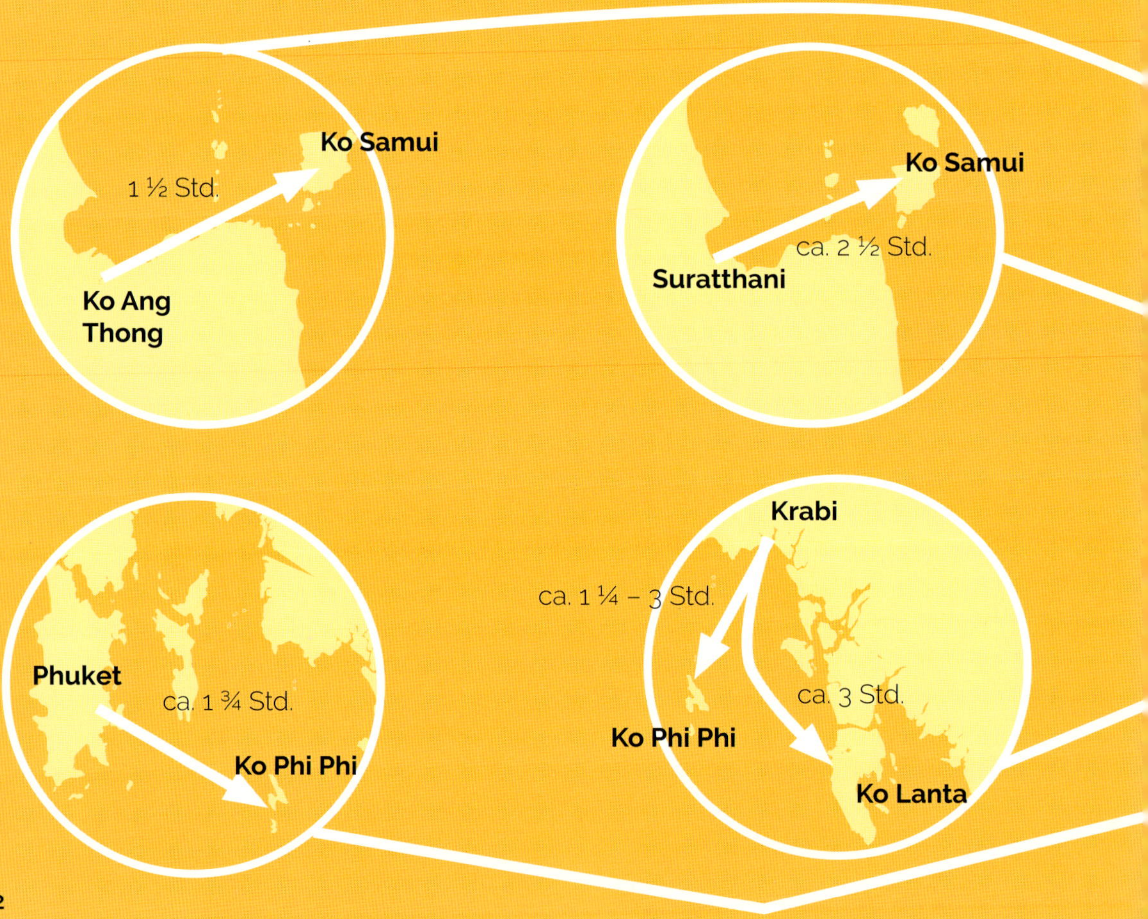

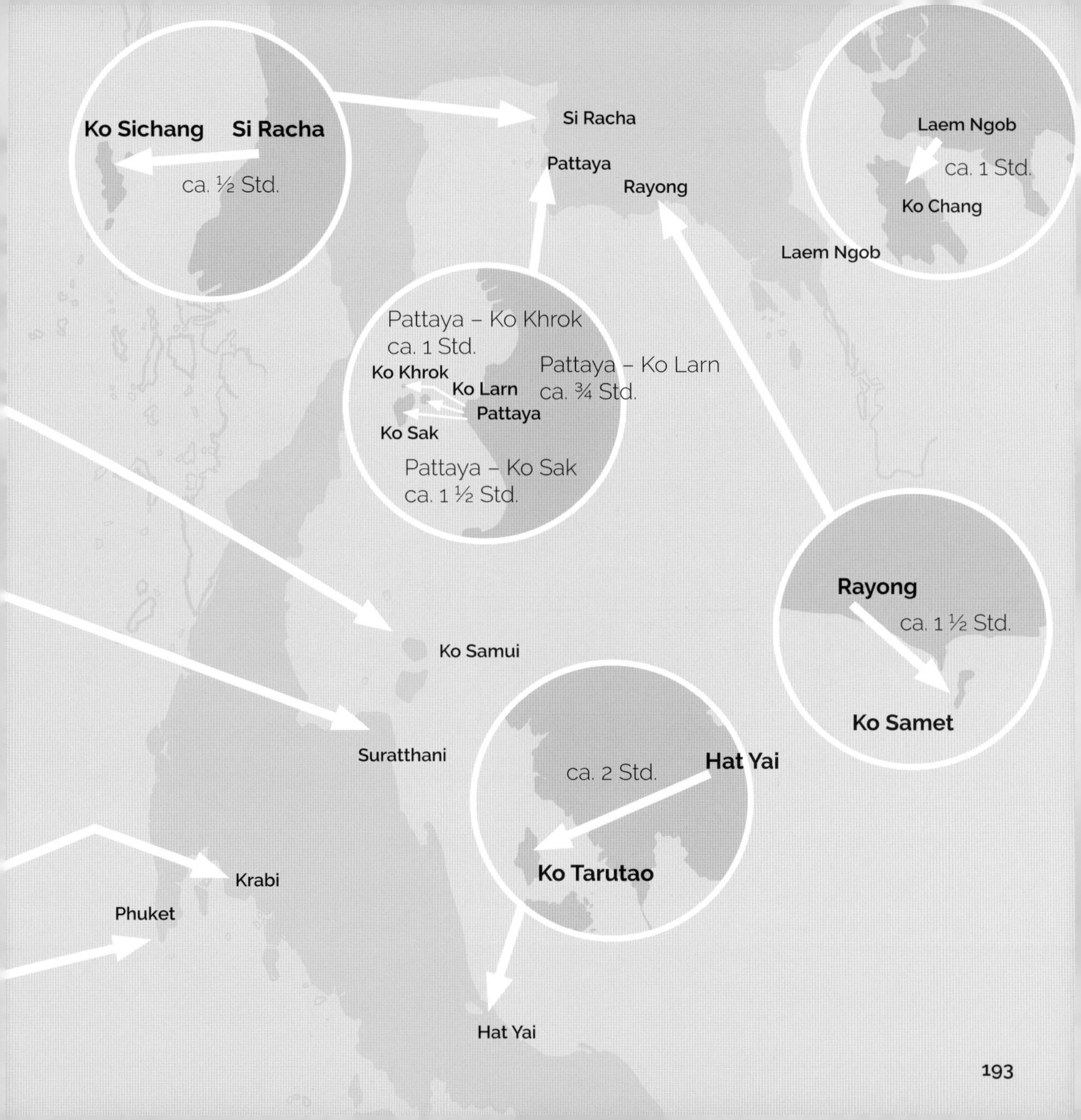
Ko Sichang
Si Racha
ca. ½ Std.
Si Racha
Pattaya
Rayong
Laem Ngob
ca. 1 Std.
Ko Chang
Laem Ngob
Pattaya – Ko Khrok
ca. 1 Std.
Ko Khrok
Ko Larn
Pattaya
Ko Sak
Pattaya – Ko Larn
ca. ¾ Std.
Pattaya – Ko Sak
ca. 1 ½ Std.
Rayong
ca. 1 ½ Std.
Ko Samet
Ko Samui
Suratthani
ca. 2 Std.
Hat Yai
Ko Tarutao
Krabi
Phuket
Hat Yai

# SCHIENENVERKEHR IN THAILAND

**Der Zugverkehr wird von der State Railway of Thailand betrieben, die Züge sind gut organisiert.**

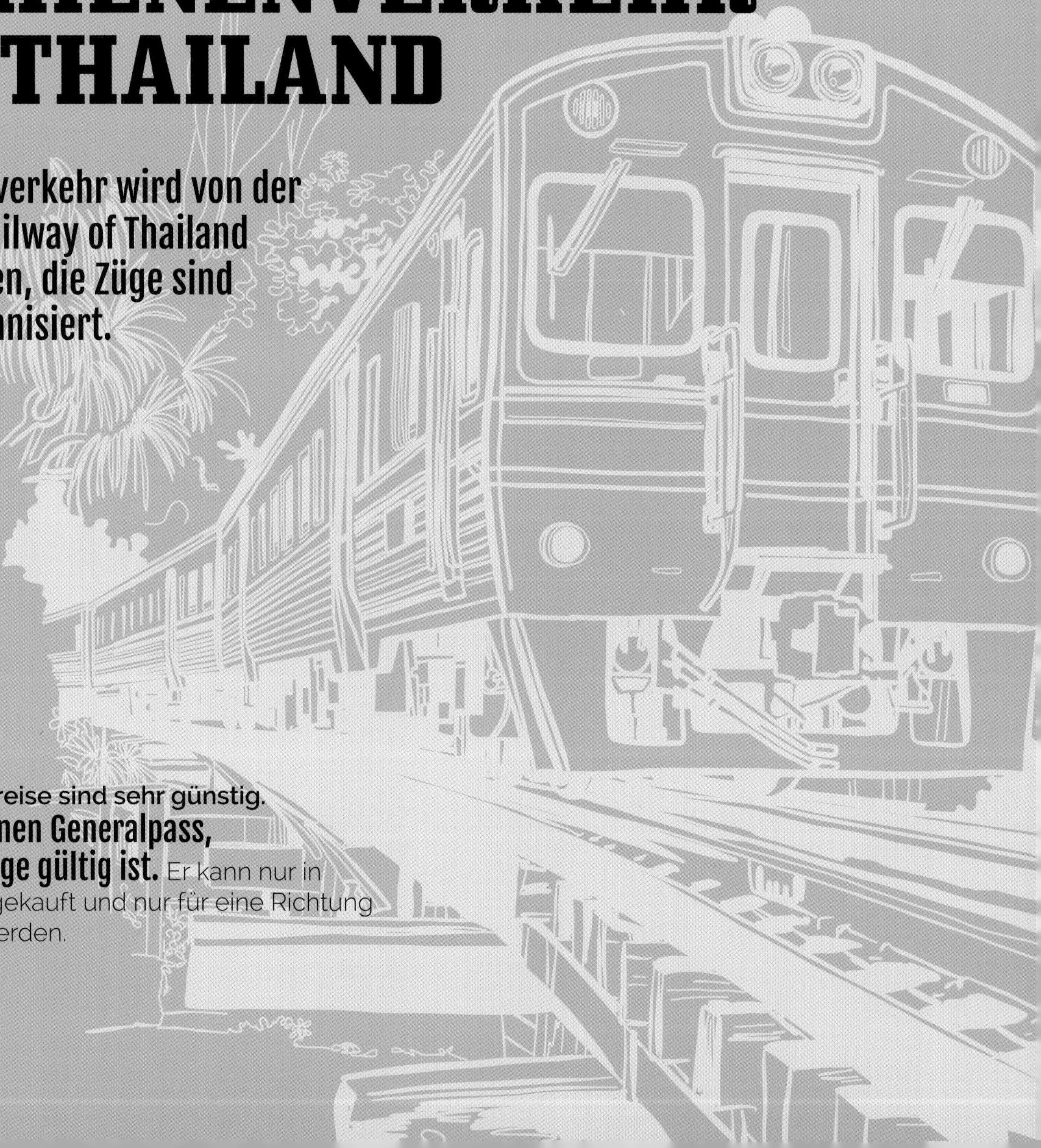

Die Fahrpreise sind sehr günstig. **Es gibt einen Generalpass, der 20 Tage gültig ist.** Er kann nur in Bangkok gekauft und nur für eine Richtung benutzt werden.

# Es gibt vier Hauptstrecken:

## Nach Osten

Bangkok – Prachin Buri –
Pattaya – Aranyaprathet

## Nach Norden

Bangkok – Lop Buri –
Nakorn Lapang –
Chiang Mai North

## Nach Süden

Bangkok – River Kwai –
Hua Hin – Surat Thani –
Butterworth

## Nach Nordosten

Bangkok – Pak Chong –
Ubon Ratchathani – Nong Khai

**oder**

Bangkok – Don Muang – Surin
– Udon Thani

**oder**

Bangkok – Nakorn Ratchasima
– Ubon Ratchathani

***Ordinary trains***
***Rapid trains***
***Express trains***
***Special trains***

# Die Staatsbahnen machen zahlreiche Sonderfahrten

wie die Fahrt mit der Death Railway
über die Brücke am River Kwai.

# Der Eastern & Oriental Express,

ein Luxuszug, fährt zwischen
Singapur, Myanmar und Thailand.

# GEHEIMTIPPS IN THAILAND

Der Baumumwachsene
Buddhakopf
in Ayutthaya:
**Ein Baum umschließt einen Buddhakopf.**

**Koh Mak:** Eine Insel mit langen Sandstränden, Palmen, und kaum Autoverkehr, kein Nachtleben

## Werkstatt für Buddha-Statuen in Chiang Mai

Hier werden heute noch Statuen hergestellt oder ausgebessert. Sie liegt in einem Garten, in dem auch alte Statuen stehen.

## Isaan – Khon Kaen

Der Nordosten Thailands, Khon Kaen ist eine der vier Großstädte der Region, eine Universitätsstadt mit vielen Studierenden.

**Von hier kommt der Som Tam, der Papaya-Salat.**

## Die schwimmende Nonne im Wat Tham Mangkin Thong

Der Tempel der schwimmenden Nonne in Kanchanaburi: Hier meditiert eine Nonne, im Wasser treibend – sie sinkt nicht. Die Meditation wird in mehreren Stellungen gezeigt.

# DIE BRÜCKE AM KWAI

## Die Eisenbahnbrücke überquert den Mae Nam Khwae Yai, den River Kwai.

**Die Fahrt kostet ca. 3 Euro,**
am Wochenende finden Ausflugsfahrten statt.

**Japan besetzte während des Zweiten Weltkrieges Thailand.**
Thailand trat dann als Verbündeter Japans in den Krieg ein.

**Die Brücke** stellte eine Verbindung der Bahnlinie mit Burma (heute: Myanmar) her.

**Die Zwangsarbeiter, die die Brücke bauten, nannten sie**
**Death Railway.**

**Beim Bau der Eisenbahnstraße**
kamen mehr als
**100 000 Menschen**
durch die unmenschlichen Bedingungen und Krankheiten
**wie Cholera oder Malaria**
ums Leben.

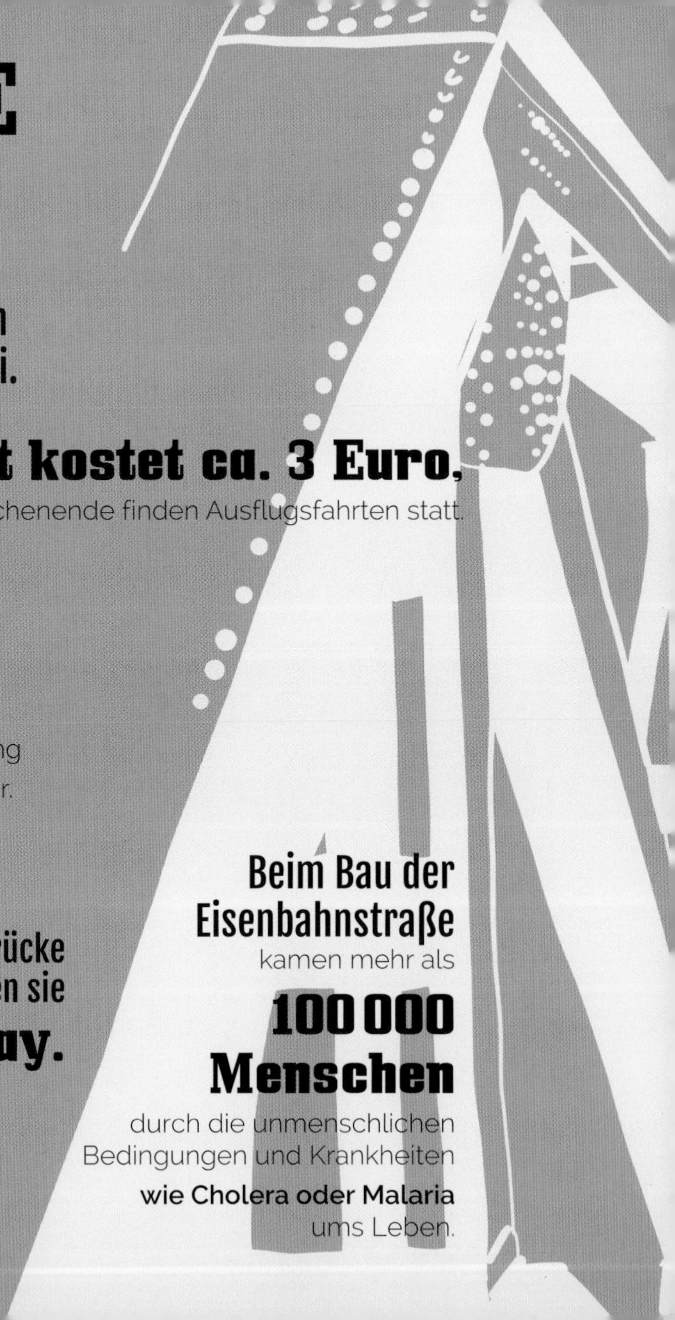

Berühmt wurde die Brücke durch den **Roman von Pierre Boulle, bzw. durch den Spielfilm**

# Die Brücke am Kwai

## aus dem Jahr 1957, gedreht von David Lean.

Der Film handelt von **britischen Kriegsgefangenen** in einem japanischen Lager, die **zum Bau der Brücke gezwungen werden.** Durch den Film erhielt die Brücke auch ihren Namen.

**Der Kommandeur** der britischen Soldaten versucht, **die Sprengung der Brücke durch die Alliierten zu verhindern,** stirbt bei diesem Versuch und löst dadurch selbst die Sprengung aus.

**Die Brücke für den Film wurde in Sri Lanka,** damals Ceylon, nachgebaut.

## Sie war 130 Meter lang, über 30 Meter hoch

**und war seinerzeit die größte Kulisse einer Brücke.**

Sie wurde **bei den Dreharbeiten gesprengt,** während ein leerer Zug über sie fuhr.

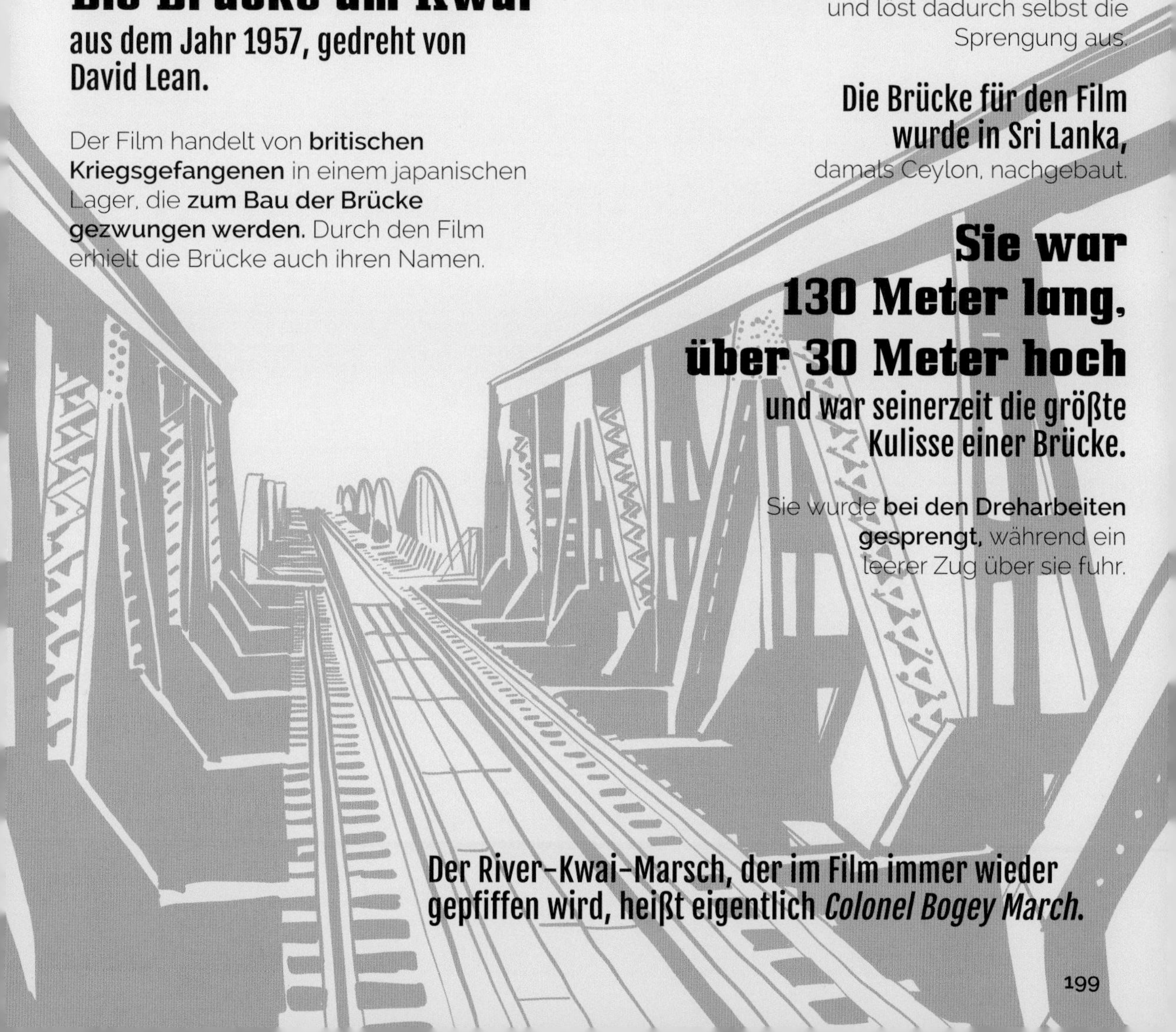

**Der River-Kwai-Marsch, der im Film immer wieder gepfiffen wird, heißt eigentlich *Colonel Bogey March*.**

# FILME, DIE IN THAILAND GEDREHT WURDEN

## Chiang Mai und Lampang
*The Coup* mit Pierce Brosnan und Owen Wilson

## Bangkok
*Bangkok Dangerous* mit Nickolas Cage
*The Eagle Path* mit Jean-Claude van Damme
*The Hangover II* (besonders die Skybar Sirocco im State Tower)
*Only God Forgives* mit Kristin Scott Thomas und Ryan Gosling

## Kao Lak und Phi Phi Island
*The Impossible* (über die Tsunami-Katastrophe)

## Ko Phi Phi
*The Beach* mit Leonardo di Caprio

## Krabi
*Bridget Jones*
*Mysterious Island*
*Killerameisen*
*Schatzinsel*

## Provinz Kanchaburi
*The Railway Man*

## Nong Khai
*Mekhong Full Moon Party*

## Khao Ta Pu in der Phang Nga Bucht
*James Bond – Der Geheimagent Ihrer Majestät*

*The Deer Hunter* (*Die durch die Hölle gehen*) mit Robert de Niro:
## Bangkok
war die Kulisse für Shanghai.

# KINOS IN THAILAND

## sind ein besonderes Erlebnis, vor allem in Bangkok.

Das junge Publikum liebt Kino. Historienepen wie ***Bang Rajan und Suriyothai*** **(von Königin Sirikit gefördert)** werden auch im Ausland gezeigt.

## Heute gibt es bis zu 40 einheimische Filme, die jährlich produziert werden.

## In vielen Einkaufszentren gibt es Kinos.

Sie sind gut ausgestattet. Meist verfügen sie auch über Bowling-Bahnen und Karaoke-Bars und Restaurants.

Filme aus anderen **asiatischen Ländern** werden **synchronisiert**.

**Hollywood-Filme** werden oft nur mit Untertiteln in der **Originalsprache gezeigt.**

## Im Central Embassy Diplomat Screens

gibt es 5 kleine Kinosäle, die mit großen Sofas oder Tagesbetten und Minibars ausgestattet sind.

## In vielen Kinos gibt es Drinks und Fingerfood,

die im Eintrittspreis enthalten sind. Manchmal werden auch vor Beginn des Filmes Massagen angeboten.

## Ins Kino eine Jacke mitnehmen, die Säle sind klimatisiert.

# THAILÄNDISCHE FILMSTARS

**Vithaya Pansringarm**
*11. August 1959
Schauspieler

**Tony Jaa**
*5. Februar 1976
Schauspieler und Regisseur

**Prachya Pinkaew**
*2. September 1962
Regisseur, Drehbuchautor und Produzent

**Dan Chupong**
*23. März 1981
Schauspieler

**Shahkrit Yamnarm**
*25. Juni 1978
Schauspieler

**Apichatpong Weerasethakul**
*16. Juli 1970
Regisseur und Drehbuchautor

# THAILÄNDISCHE SCHAUSPIELERINNEN

Apinya Sakuljaroensuk
*27. Mai 1990

Sara Malakul Lane
*1. Februar 1982

Mamee Napakpapha Nakprasitte
*19. April 1981

**Araya Hargate**

*28. Juni 1981

**Sonia Couling**

*18. Juni 1974

**Jeeja Yanin**

*31. März 1984

**Pumwaree Yodkamol**

*9. Februar 1982

# DIE INSELN DER INTERNATIONALEN STARS

## Ko Kut

Angelina Jolie

Brad Pitt

Jennifer Lopez

David Beckham

## Phuket

Kate Moss

Leonardo di Caprio

Pierce Brosnan

Catherine Zeta-Jones

Kim Kardashian

Naomi Campbell war Gast bei der Phuket Boat Show.

# TAUCHEN IN THAILAND

**Getaucht wird das ganze Jahr über.**
An der Westküste sind Februar bis Mai die Monate mit der höchsten Wassertemperatur, Juni bis Oktober mit der niedrigsten.
**Die Wassertemperatur liegt zwischen 26 °C und 31 °C.**

**Hin Daeng/Roter Felsen und Hin Muang/Purpurner Felsen**
Hier leben Mantas, Rochen und Walhaie.

**Die beste Zeit für Walhaie ist, aufgrund der Planktonkonzentration, zwischen Februar und Mai. Das Plankton kann die Sicht einschränken.**

## Golf von Thailand

Die Inseln Koh Samui, Koh Tao und Kho Phangan bieten großartige Tauchplätze. Um Pattaya und Kho Chang taucht man nach alten Schiffwracks. Besonders spannend sind TMS Khram und die Petchaburi Bremen. Hier gibt es keine Monsunwinde.

## Similan-Inseln in der Andamanensee

**Sie gelten als die beste Destination.**
Die Felsformationen im tiefen Wasser und die Korallenriffe mit exotischen Fischen bergen zwei unterschiedliche Unterwasserwelten. Die Ostseite ist für ihr Korallenriff bekannt.

## Elephant Head Rock

Durch die Strömungen sind hier Wälder von Weichkorallen entstanden. Die gigantischen Höhlen mit ihren Gorgonien sind ein Tauchparadies.

## Richelieu Rock

Eines der beliebtesten Tauchziele:

## eine 35 m hohe

Unterwasserfelsnadel. Auch hier gibt es Walhaie und Weißspitzenhaie. Es gibt Tauchsafaris von Phuket und Khao Lak aus.

## Koh Bon/ Koh Bon Pinnacle

Bekannt für die Manta-Sichtungen, sowie Zebrahaie und diverse Aal-Arten. Hier finden sich unter anderem Adlerrochen und Schwärme von Stachelmakrelen.

# Register

## a

Abhaya Mudra 80
Acht Formen der Stupas 84–85
Acht Sema 88
Affen 97, 108
Alkoholische Getränke 140–141
Almosengang 83
Almosenschale 77–78
Ananda Mahidol 23
Ang Thong 170
Anjali Mudra 80
Ankus 70
Apichatpong Weerasethakul 203
Apinya Sakuljaroensuk 204
Araya Hargate 205

## b

Backfist (Handrückschlag) 159
Badehäuser 177
Baht (Gewicht) 39
Baht (Währung) 42–43
Bambusgras 65
Bambussprossen 65
Bambusstangentanz 106
Bami 124
Bang Rajan und Suriyothai 201
Bangkok 13, 19, 26, 42, 69, 90–92, 97, 142–143, 146, 149, 163,168, 171, 176, 186, 188, 190, 194–195, 200–201
Banknoten 43
Basmatireis 150
Baumumwachsener Buddhakopf 196
Beer Lao 140
Begrüßung 32–33
Bhumibol Adulyadej 22–23, 27, 50–51, 93
Bhumibol und Sirikit 22
Bhumisparsa Mudra 81
Bikkhu 82–83
Black Moon Partys 62
Black Tiger Shrimps 155
Blumenfestival Chiang Mai 54
Blumenkönigin 55
Bodhi Bäume 89
Bootsrennen 166
Bot 88, 94
Bougainvillea 100
Brautgeld 180
Brücke am Kwai 18, 198–199
Bua Loi 131
Buddha 51–52, 77–79, 82, 84–85, 88–90, 97, 160, 170–171, 178, 184–185, 196
Buddha-Darstellungen 76–77
Buddha-Hochzeit 181
Buddha-Statue 9, 35, 53, 60, 78–81, 86–88, 92–93, 170, 197
Business in Thailand 36–37

## c

Central Embassy Diplomat Screens 201
Chakri Dynastie 22–23
Chakri-Gedenktag 50
Chang 39
Chang-Bier 140
Chang und Eng Bunker 172–173
Chatuchak Market 143
Chedi 61, 89–90, 95, 97
Chiang Mai 42, 54, 59, 90–92, 96, 143, 176, 195, 197, 200
Chula 162
Chulalongkorn 23, 43–44
Clinchen 159
Coyan 39
Craseonycteris thonlonyai 170
Cub Scouts 123

## d

Daab 161
Dämonen 108, 110, 113
Dan 116
Dan Chupong 203
Der Emerit Kaew Wu 184
Der Tag in Thailand 46–47
Dhyana 80
Die Brücke am Kwai (Film) 199
Doi Inthanon 18, 26, 182
Doi-Inthanon-Nationalpark 182
Dorfpfadfinder 123
Drei Säulen des thailändischen Lebens 31
Dschunken 24
Duftreis 150
Dukkha 74

## e

Eastern & Oriental Express 195
Edelsteine 13, 88, 146–147, 171
Ein Buddha für jeden Tag der Woche 78–79
Ein-Teller-Gerichte 125
Einladungen in Thailand 138–139
Einwohner 12
Elefanten 12, 14, 18, 43, 52, 66, 68–73, 90, 140
Elefantenfest 73
Elefantenschule 69
Elefantenshows 71
Elefantenstab 70
Elephant Head Rock 209
Erawan Nationalpark 182
Erzählende Tänze 108– 109

## f

Fächertanz 107
Fähren 9, 192–193
Farang 17, 171, 181, 191
Farang-Zeit 47
Farben der Wochentage 48–49
Feiertage und Feiern in Thailand 50–51
Filme 200
Fingernageltanz 106
Fischerei-Industrie 156–157
Fischkämpfe 168–169
Fish-Bowl 177
Fläche 12
Flagge 14, 72
Flugdrachenwettkampf 162–163
Flussgötting Mae Khong kha 58
Flüssigkeitsmaße 39
Fon Luang 27
Fon Morn Gumm Ber 106
Fon Morn Mong Kol 107
Fon Ngiew 106
Fon Thai 104–105
Fon Tian 107
Freundschaftsbrücke in Nong Khai 21
Frittierte Insekten 145
Full Moon Parties 62–63

## g

Garküchen 136, 144–145
Garnelenzucht 154–155
Gassen 143
Gebetshalle 88
Geheimtipps 196–197
Geisterdoktor 100
Geisterglauben 100–101
Geisterhäuschen 102–103
Geisterhäuschen-Friedhof 103
Gemeinschaftsgerichte 125
Gesichtsverlust 30
Gewichte 39
Glückstanz 107
Goldenes Dreieck 21
Golf von Thailand 25, 209
Grenzen Thailands 16–17
Grenzlänge 12
Grenzsteine 88
Gummibaumplantagen 65

## h

Half Moon Partys 62
Handhaltungen der Buddha-Statuen 80–81
Hanuman 113
Hap 39
Hausgeister 100–101
Heiliger Bezirk 88
Himmelsgott Phrathat Chulaman 59
Hin Daeng (Roter Felsen) 208
Hin Muang (Purpurner-Felsen) 208

Ho Trai 89
Hofdame Nobhama 58

## i

Indischer Ozean 16
Inseln der internationalen Stars 206, 208
Isaan – Khon Kaen 197
Isthmus von Kra 19
Iukmoh 168
Iukpah 168

## j

Jeeja Yanin 205
Jivakar Kumar Bhaccha 178
Jungle Experience Partys 62

## k

Kae Sa Luk 132
Kaeng 126
Kaeng Ruer 166
Kaeng Wau 162–163
Kalender 44–45
Kambarien 88
Kambodscha 17
Karaokebars
Karma 30, 75, 83
Kategorien von Straßen 186
Kathina Zeremonie 51
Kathoey 174–175
Kerzentanz 107
Khao-Sok-Nationalpark 182
Khao-Yai-Nationalpark 183
Khit 119
Khlong 24, 142
Khon 108–109
Khong Wan 130–131
Khorat-Hochebene 19
Khuep 38
Khwan 100
Kinnaree 108
Kinos 34, 201
Klan wan 46
Klang kyn 46
Klebreis 129, 131, 141, 150
Kleiner Sprachführer 134
Klima 26–27
Ko Similan Nationalpark 183
Koh Bon/Koh Bon Pinnacle 209
Koh Kood 206
Koh Mak 196
Kokospalme 65
Kokosschalentanz 107
König Naresuan 94, 158
König Ramkhamhaeng 58
Königin Sirikit 22, 119, 133, 201
Königliche Barkassen 24, 25, 146
Königliche Barken-Prozession 50
Königlicher Regenmacher 27
Königreich Thailand 9, 12–13
Krabee 161

Krabee-Krabong 160–161
Krachae 141
Krathongs 58
Kreis Takraw 164–165
Kuai Tiao 124
Künstlicher Regen 27
Kwian 39
Kyn 47

## l

Ladyboys 174–175
Lakhon 112–113
Lakhon Chatri 108, 112
Lakhon Nai 110, 112
Lakhon Nok 111–112
Landtiere Thailands 66–67
Landwirtschaft 18, 148–149
Langboote 166
Längenmaße 38
Langheckboot 24
Langkornreis 150
Lao Khao 141
Laos 17, 20–21, 140
Legende vom Prinzen Vessadron 52
Likay 111, 114
Linienbusse 189
Loi Krathong 58–59
Luang Pu Bunleua Sulilat 184
Lugtung 117
Luk Suea Chao Ban 123

## m

Ma pen rai 30
Mae Nam Khong 20–21
Mae Nam Khwae Yai 198
Maha Vajiralongkorn 23
Mahut 69–71, 73
Malaiische Halbinsel 19
Malaysia 16
Mamee Napakpapha 204
Mandala 22
Mangrovenwälder 64, 155
Maniok 148
Manorah 108
Maruk Thai-Schach 167
Mekong 20–21, 184
Milchgeld 180
Mo Phi 100
Monarchie 14, 22, 51
Mönch 9, 32, 35, 51, 82–83, 86–88, 90–92, 158, 178, 181
Mongkon 119
Mongkut 23, 112
Monsunniederschläge 26
Monsuntrockenwald 64
Monsunwinde 26, 209
Mor Lam 116
Müang 22
Muay Thay 119, 158–159
Mudra 80–81
Münzen 42–43

Musik in Thailand 116–117
Myanmar 16, 18, 21

**n**

Nachtisch in Thailand 130, 131
Nachtmarkt Chiang Mai 143
Nachtmarkt JJ Green 143
Nachtmarkt Patpong 143
Naga 77, 146, 185
Nam Pla 125
Nan 111
Nang Sida Nonglak 113
Nang talung 111
Nang Yai 110
Nassreis 152–153
Nassreisanbau 152–153
Nationalfeiertag 51
Nationalparks 182–183
Naturkautschuk 148
Neujahr 50, 60–61
Ngan 38
Ngao 161
Ngop 119
Nio 38
Nirwana 74, 85
Nordostthailand 13, 19, 52, 109, 197
Nordthailand 13, 18, 176
Nuat Phaen Boran 178–179

**o**

Obstschnitzereien 132–133
Ok-Phansa-Tag 51
Ostthailand 13, 19

**p**

Pacceka-Bodhi 75
Pakpao 163
Panung 118
Pazifischer Ozean 17
Pfadfinder 9, 122–123
Pfahlhaus 98
Phaom 118
Phi Phat 114–115
Phi Ruan 101
Phi-Ta-Khon-Festival 52
Phra Nang Klao 23
Phra Phutthayotfa Chulalok 23, 50, 113, 133
Phra Ram 113
Phuket 18, 29, 58, 176, 192, 194, 207, 209
Phutthaloetla Naphalai 23
Plong 161
Prachya Pinkaew 202
Prajadhipok 23
Prostitution 176–177
Provinzen Thailands 18–19
Puea Schivit 117
Pumwaree Yodkamol 205
Puppenspiel 111

## r


Rafflesia 65
Rai 38
Rama 23
Rama I. 23. 50. 90. 113. 133
Rama II. 23
Rama III. 23
Rama IV. 23
Rama IX. 22–23. 27. 50–51
Rama V. 23. 43–44
Rama VI. 23. 122
Rama VII. 23
Rama VIII. 23
Rama X. 22–23
Ramakien 110. 113
Rattan 65. 160
Red Baron 25
Regenzeiten 13. 19. 26. 28. 166
Regionen 13
Reis 34. 39. 103. 124–125. 126. 128–129. 136. 148–151. 152–153
Reisfelder 18. 65
Reisgewichte 39
Reiszubereitung 128–129
Religion 74–75
Rham Phu Thai 109
Richelieu Rock 209
River Kwai 195. 198–199
Roti Pancake 131
Rover 123
Royal Forest Department 182
Rubine 146–147
Ruea Hang Yao 24


## s


Sa tring 116
Sabai 30–31
Sai Sin 139
Salueng 42
Sam Song und Mekhong 141
Samma-Bodhi 75
Sammeltaxi 189
Samsara 75
Sanuk 30–31. 117. 137
Saphire 146–147
Sara Malakul Lane 204
Sarong 105. 119
Sartthai-Tag 51
Sat 39
Satang 42
Sato 141
Savaka-Bodhi 75
Schachturniere 163
Schattentheater 110. 114
Schienenverkehr 194–195
Schleiertanz 106
Schmetterlingstanz 106
Schnellstraßen 186
Schuluniformen 120–121
Schut tai 181
Schutzgeist 100
Schwimmende Märkte 142
Schwimmende Nonne im Wat Tham Mangkin

Thong 197
Scouts 123
Seifen-Palours 177
Senior Scouts 123
Sextourismus 176–177
Shahkrit Yamnarm 203
Sia naa 30
Siamesische Kampffische 168
Siamesische Zwillinge 172–173
Siebenköpfige Schlange 77
Similan-Inseln in der Andamanensee 209
Similangruppe 183
Singha-Lagerbier 140
Skulpturenpark Sala Kaeo Ku 184–185
Skurrile Fakten 170–171
Soi 143, 186
Sok 38
Som Tam 127
Sommermonsun 26
Songkran 50, 60–61
Songthaeo 189
Sonia Couling 205
Spielfiguren 167
State Railway of Thailand 194
Straßenverkehr 186–187
Stupa 84–85
Suay 30–31
Suay (Mahuts) 71
Südthailand 13, 18, 95
Sukhothai (Tanz) 109
Suriyakati-Kalender 44

## t

Tab Tim Siam 146
Tag der Krönung von König Bhumibol 50
Takraw 164–165
Talaad-Märkte 142–143
Talikipas 107
Tamarinde 125
Tamlueng 39
Tanz 106–108, 112–113
Tarang 38
Tauschen 208–209
Teakholz 24, 64, 96, 149, 166
Thai Union Group 157
Thai-Whiskey 141
Thai-Currys 126
Thai-Massage 178–179
Thai-Seide 143
Thaiboxen 158–159
Thailändische Filmstars 202–205
Thailändische Heirat 180–181
Thailändische Küche 124–125
Thailändische Währung 42–43
Thailändische Zahlen und Ziffern 40–41
Thailändischer Mondkalender 45, 50
Thailändisches Alphabet 170
Thailändisches Bier 140

Thailändisches Neujahrsfest 50, 60–61
Thanan 39
Thanon 186
Theater 110–112
Theravada (Buddhistischer Feiertag) 50, 74
Theravada-Buddhisten 74
Thotsokan, der zehnköpfige König 113
Tischsitten 136–137
Tom Yam Kun 127
Tom Yam Kung 126
Tony Jaa 202
Traditionelle Kleidung 118–119
Traditionelles Orchester 114–115
Traditionelles Wohnen 98–99
Trok 186
Tropenwald 64
Tschao 47
Tsunami 28, 200
Tuk Tuks 190–191

## U

Uh 141

## V

Vajiravudh 23, 122
Varada Mudra 81
Vassa 51
Vegetarisches Festival in Phuket 56
Vegetation 64–65
Verfassungstag 51
Verhalten im Tempel 86–87
Verkehrsmittel 188–189
Viharn 88
Vinanmek-Palast in Bangkok 149
Vitarka Mudra 81
Vithaya Pansringarm 202

## W

Wa 38
Wai 32–33
Wan Phra 45
Wat 42, 60–61, 88–97, 197
Wat Arun 42, 91
Wat Buppharam 92
Wat Chai Watthanaram 94
Wat Pha Luang Ta Bua 93
Wat Phan Tao 96
Wat Phra Kaeo 42, 90
Wat Phra Mahathat-Sukhothai 95
Wat Phra Sia Sanphet 92
Wat Phra That Doi Suthep 42, 90
Wat Rong Khun 93
Wat Saket 97
Wat Suan Dok 91
Wat Suwan Dararam 94
Wat Tham Sua 97
Weiße Elefanten 72
Weltbekannte Gerichte 126–127
Werkstatt für Buddha-

Statuen in Chiang Mai 197
Westthailand 13, 18
Wetten 168–169
Wintermonsun 26
Wohnanlagen der Mönche 88
Wun Sen 124

## y

Yang-Stämme 64
Yen 47
Yi Peng 58–59

## z

Zauberhahntanz 109
Zentralthailand 13, 19
Zwischenmonsun 26

# IMPRESSUM

Verantwortlich: Ulrich Jahn
Konzept und Text: Gabriela Scolik
Gestaltung und Illustration:
Karin Dreher
Lektorat: Bettina Dietrich,
Kathrin Raminger
Umschlaggestaltung: Ralph Hellberg
Gesamtherstellung Print Company
Verlagsges.m.b.H., Wien



★★★★★

Sind Sie mit diesem Titel zufrieden? Dann würden wir uns über Ihre Weiterempfehlung freuen. Erzählen Sie es im Freundeskreis, berichten Sie Ihrem Buchhändler, oder bewerten Sie bei Onlinekauf. Und wenn Sie Kritik, Korrekturen, Aktualisierungen haben, freuen wir uns über Ihre Nachricht an NG Buchverlag, Postfach 40 02 09, D-80702 München oder per E-Mail an lektorat@verlagshaus.de

Unser komplettes Buchprogramm finden Sie unter: www.bruckmann.de

Alle Angaben dieses Werkes wurden von den Autoren sorgfältig recherchiert und auf den neuesten Stand gebracht sowie vom Verlag geprüft. Für die Richtigkeit der Angaben kann jedoch keine Haftung übernommen werden.



Die Deutsche Nationalbibliothek verzeichnet diese Publikation in der Deutschen Nationalbibliografie; detaillierte bibliografische Daten sind im Internet über http://dnb.d-nb.de abrufbar.


ISBN 978-3-7343-1162-8

Printed in China